סייעתא לתלמודא

דף עזר ללמוד גמרא

חובר בסייעתא דשמיא על ידי הרב יצחק פרנק ובנו אוריאל ועל ידי יוחנן שרגא (דויד) סאקס   הגהה: מרשה פרנק

אוצר המלים והמנחים

מדריך ללומדים

1. הערכים מסודרים לפי אל"ף-בי"ת, בדרך כלל בלי אותיות השימוש (כגון 'ד-' או 'ו-').
2. מילות ערך המופיעות רק בהקשר עברי (כגון 'בכדי') – מסומנות (✡). אבל לא סומנו ערכים עבריים המצויים גם בארמית (כגון 'הוא הדין').
3. כדי לסייע ללומד להבין טוב יותר את מילת הערך נוספו שני סוגי הפניות מיוחדות:

א. חלק ממילות הערך הן צורות פועל המופיעות גם בלוחות הנטייה במדור "הפעל הארמי בתלמוד הבבלי". בערכים אלו צבועות באדום שלוש אותיות השורש (למשל: 'מיפלגי') או חלקן ('אוק/אוקים' – משורש קו"ם). בעת הצורך, נכתבו כל שלוש אותיות השורש משמאל למילת הערך. לדוגמה: השורש אזל√ משמאל למילת הערך 'ליזיל' מזמין את הלומד להתבונן בצורה זו במסגרת כל נטיית שורש אז"ל בלוחות הנטייה במדור "הפעל הארמי בתלמוד הבבלי".

ב. משמאל לחלק ממילות הערך צוין מספר העמוד ב"מילון ארמי-עברי לתלמוד הבבלי" מאת מו"ר הרב פרופ' ע"צ מלמד (ירושלים תשנ"ב), שבו יוכל הלומד למצוא הסבר רחב יותר (כמו בערך: 'תפתיים' [437]), הגדרות נוספות (כמו בערך: 'מפסיק' [248]), צירופי מילים וביטויים (כגון: 'בי... [79-75]'), צורות דומות אך שונות (כגון: 'מצלי' לעומת 'מצלי' [264]) א־ הערות מחכימות (כמו על ערך 'נהי [295]').

מקרא:

✡	ערך עברי (כמבואר בסעיף 2)
√	שורש ארמי (כמבואר בסעיף 3א)
[123]	הפניה להרחבת הבאור (כמבואר בסעיף 3ב)
"..."	פרוש מלולי (לפני פרוש ענייני; כמו בערך "תנא")
(≠...)	אזהרה! אין להחליף עם...
ב	בינוני פועל (=פעל פעיל בזמן הווה)
ז; נ	זכר; נקבה
↑;↓	עין ערכו למעלה; עין ערכו למטה (בהמשך)

א

ערך	פירוש	
א-	על...; את...	
אגב... (א+גב)	על גבי...; על ידי...; על פי...; בגלל...	
אגב אורחיה	"על פי דרכו"; דרך אגב	
אגב ד-	"על ידי ש-"; כיון ש-	
אגמריה	למד אותו ↓'גמרא'	
אגרא	שכר	[7-6]
אד- (א+ד)	עד ש-; בזמן ש-; במקום ש-	
אדבריה	הוליך אותו (לפניו); כבד אותו	[7]
אדהכי (א+ד+הכי)	"עד שכך"; בינתים	
אדמיפלגי ב-	במקום שנחלקים ב- ↑'אד-'	
אדעתא ד-	"על דעת של..."; בכונה ל- ↑'א-'	
אדרבה	"על הגדולה"; גדולה מזו; להפך	
אדתני	במקום שהתנא מלמד: ↑'אד-'	
אהא (א+הא)	על זאת	
אהדדי (א+הדדי)	זה על זה; זה נגד זה; זה את זה	
אהייא? (א+הייא)	"על איזו?"; בנוגע לאיזה ענין?	[124]
אהני	ההנה; הועיל	
(ו)אומר:✡	ופסוק נוסף מוכיח:	
אוק/אוקים	הקים; העמיד; פרש; סים; מנה	
אורח ארעא	דרך ארץ; התנהגות ראויה/מצויה	
אורחא	דרך; אפן; נהג ↑'אגב אורחיה'	
אורחיה הוא	זוהי דרכו הרגילה	
אורייתא	תורה; ספר תורה ↓'דאורייתא'	
אורתא	ערב; תחלת הלילה	
(ו)אזדא לטעמיה	(והוליך של ר'...) הולכת לשיטתו	
אזל (ב: אזיל)	הלך; נסע; אזל; נגמר ↓'כמאן'	
אחוי (ב: מחוי)	הראה; רמז; הדגים	
אחיל (ב: מחיל)	חלל; פדה; מחל	
אחרינא; אחריתי	אחר; אחרת ↓'לישנא אחרינא'	
אטו...?!	האם...?!; וכי...?	
אטו...²	בגלל...; משום...	
אי-/אי-...✡	אין	
אי...²	אם/אילו...; או...	
אי... אי...	אם... אם...; או... או...	
אי אמרת בשלמא...	בשלום (=נוח) אם אתה אומר...	
אי אפשי✡	אין רצוני; איני רוצה	
אי אפשר✡	אין יכלת; לא נתן	
אי הכי...	אם כן (הרי)...	
אי נמי...	"או גם" (=או); "אם גם" (=אפלו)	[23]
איבעי ליה (ל-)	"נצרך לו (לעשות...)"; היה לו (ל-)	
איבעיא להו:	נשאלה להם (=על ידם); שאלו:	[3]
איבעית אימא...!	אם אתה רוצה, אמר... (באפן אחר)!	
איגלי	נתגלה; נודע	
איגרא; איגרי	גג; גגות	
אידי ואידי...	זה וזה; אלו ואלו...	
אידך	האחר; הלה; השאר ↓'תניא אידך'	
איהו; איהי	הוא; היא	
איזי...	אם כן...; ובכן...	[24]

ערך	פירוש	
איידי (א+ידי) ד-	"על ידי ש-"; כיון ש-	
איירי ב-	היה מערה ב-; דן ב- ↓'מיירי'	
אייתי אתי√	הביא; רבה; כלל	[24]
איכא (אית+כא)	יש (כאן); אפשר (ל-)	
איכא בינייהו	יש (הבדל הלכתי) ביניהם	[25]
איכא דאמרי:	יש (חכמים) שאומרים:	
איכא למיפרך:	יש (אפשרות) להקשות: ↓'פירכא'	
איכפת ליה	נגע לו; חשש	
אילימא: (אי+לימא)	אם נאמר; אילו נציע: ↓'לימא'	
אימא: אמר√	אמר; אמור!	[24]
אימא: "לא".	הייתי אומר: "לא".	
צריכא!	ולכן צריכה להאמר! (≠לא! צריכא:)	
אימא סיפא!	אמור את הסוף! ↓'סיפא'	
אימא רישא!	אמור את הראש! ↓'רישא'	
אימליך/אמליך	נמלך (בפלוני); התחרט	
אימר/אימור (ד-)	אמור ש(אפשר לצמצם את הקביעה הקודמת)	[25]
אימת	אימתי; מתי?	[25]
אין!	"הן!" כן! אכן! (≠אין✡)	
אין... אלא...✡	רק...	
אין, הכי נמי!	אכן, כך באמת!	
אינהו/אינון	הם	
איני?! (אין+היא)	כך היא?! (≠איני✡)	
איניש; אינשי	איש; אנשים ↓'אמרי אינשי'	[36]
איסורא	אסור; דבר אסור; דיני אסור והתר	
איסמיה?!	(האם) אמחוק אותה?! ↓'סמי'	[39]
איפוך!	הפוך (סדר המשנה/הברייתא)!	[26]
איפוך אנא?!	(האם) אהפוך/אחליף?!	[26]
איפכא/אפכא	להפך ↓'תיפוך'	
איצטריך	נצרך; היה צריך (להאמר)	
איקלע/אקלע	נקלע; הזדמן	
איקפד	הקפיד; כעס	
איקרי/אקרי¹	נקרא	
איקרי/אקרי²	קרה; בא במקרה; הזדמן	
אירייא/אריא	ראיה; טענה; הוראה; דיון	
אישתיק/אשתיק	שתק	
אישתכח	נמצא; התברר	[62]
אישתרי/אשתרי	התר	
אית	יש; נמצא; קים; תקף	[26]
אית ליה	יש לו; יכול/חיב (ל-); סובר/מסכים	
איתחזי/איחזי	נראה; נגלה; נהיה ראוי	
איתחזק/אתחזק	החזק; נודע	

ערך	פירוש	
איתיביה:	השיב לו; הקשה לו ↓'מתיב'	
(ו)איתימא: אמר√	(ו)יש אומרים (על פי מסרת אחרת):	
איתמר/אתמר	נאמר (מפי אמוראים)	[66]
איתקש/איתקיש	הקש (ל-); השוה (ל-)	
איתרמי/אתרמי	ארע; הזדמן	
איתתא/אתתא	אשה; רעיה	
אכתי	עדין	
אלא... (אם+לא)	אבל...; אך...; רק...; חוץ מ-	
אלא אם כן...✡	רק בתנאי ש-	
אלא לאו...?!	אבל האם לא...?!	
אלא מעתה...!	"אבל כעת" כדבריך; אם כך, הרי...!	
אליבא ד-	"על לב של..."; לפי שיטת... ↑'א-'	
אלים/אלימא	חזק; עדיף; בר סמכא	
אלמא...	הרי ש-; מכאן אנו לומדים ש-	
אלמה...? (א+למה)	"על מה?" למה? (פתיחה לקשיה)	
אלמלא/אלמלי...	אלו־לא.../לולא...; אלו.../לו...	
אם תמצא/ תימצי לומר:✡	אם (בענין הקודם) תגיע למסקנה לומר:	
אמאי? (א+מאי)	על מה; למה? מדוע?	
אמורא (רבים: אמוראי)	"אומר" (=מפרש/מתרגמן); חכם בתקופת התלמוד (לאחר התנאים); מי שחוזר על דברי החכם ומבהירם	
אמטו/אמטול...	בגלל...; בשביל...	
אמינא/קאמינא	אומר אני; אני חושב/מתכון	
אמר (ב: אמר)	אמר; פרש; חשב/התכון	
אמר לך ר'...	אומר (=היה יכול לומר) לך ר'... :	
אמר מר:	אמר האדון/החכם: ↓'מר'	[32]
אמר ר'... אמר ר'...	אמר ר'... (ששמע באזניו ש)אמר ר'...	
אמר ר'... משמיה ד-	"אמר ר'... משום ר'..."; אמר ר'... בשם ר'...	
אמרי/; אמרן	אמרתי; אמרנו	
אמרי/קאמרי	אומרים	
אמרי אינשי:	אומרים אנשים (פתגם עממי)	
(ו)אמרי לה:	"ואומרים אותה"; ויש מוסרים:	
(ו)אמרי לה כדי:	ויש מוסרים אותה בלי שם אומרו	
אמרינן; אמריתו	אומרים אנחנו; אומרים אתם	
אמריתה/-תא	אמרתי אותה	
אנא; אנן; אנת	אני; אנחנו; אתה	
אסברה/אסברא	הסביר אותה	
אסמכתא	סיוע מלשון הכתוב להלכה שאינה מפורשת בתורה; התחיבות ממונית מתוך הנחה שלא יצטרך לקימה	[39]
אסר (ב: אסר)	אסר; קשר; הטיל אסור	

ערך	פירוש	
אף על גב ד-	אף על פי ש-; למרות...; בנגוד...	
אפילו תימא:	תאמר (שהמשנה תואמת) אפלו (הדעה האחרת או נסבות אחרות)	
אפיק (ב: מפיק) נפק√	הוציא; הוציא מהכלל; בטא; למד (מן הכתוב); דרש; הוציא ידי חובה	
אקני (ב: מקני)	הקנה; מכר; העביר ל(רשות) אחר	
אקש-¹ קשי√	הקשה; העלה קשיה	
אקש-² נקש√	הקיש; השוה; דמה דבר לדבר	
ארעא (רבים: ארעתא)	ארץ; אדמה; כדור הארץ; פני האדמה; מדינה; שדה	
אשכח; אשכחן	מצא; מצאנו ↓'משכחת'	
אשמעינן	"השמיע לנו"; למד אותנו ↓'משמע'	
אשתקד	"שתא קדמאה"; בשנה שעברה	
את	אתה/את	
אתא עבר	בא; הגיע	
אתאן ל-	הגענו ל-; חזרנו ל-	
אתון	אתם	
אתי (נ: אתיא) ב	בא; (הדבר) נלמד	
אתרא/אתר	מקום	

ב

ערך	פירוש	
באפי.../באנפי...	בפני...; בנוכחות...	
בבא (רבים: בבי)	שער; פתח; חלק; משפט	
בגו; בגויה	בתוך.../ב-; בתוכו/בו	
בדותא/ברותא	דעה בדויה (ולכן יש לדחותה)	[71/90]
בדידיה; בדידה	בשלו/בו־עצמו; בשלה/בה־עצמה	
בהדי...	עם...	
בהדי ד-	"עם ש-"; בזמן ש-	
בהדי הדדי	זה עם זה; ביחד	
בהדיא	בפרוש; מפורש; בגלוי	
בטיל	בטל; שובת	[75]
בי...	בית...; בית מדרש של...; בין...; ב-; בתוך...; קבוצה של...	[79-75]
בי שמשי	בין השמשות (כניסת השבת)	
בי תרי	(קבוצה של) שנים	
ביני ביני/וביני	בינתים	
ביעתא; ביעי	ביצה; ביצים	
בישא/ביש	רע	
בכדי...✡	בשעור (זמן)...	
בכדי	לחנם; ללא צרך	
בניחותא	בנחת; (רש"י:) לא כקשיה; כראיה	
בעא (רבים: בעו)	שאל; בקש; רצה; היה צריך	
בעי (נ: בעיא; רבים: בעו) ב	שואל; מבקש; רוצה; צריך ↑'איבעית'	[39]
בעיא (רבים: בעיי)	שאלה (בהלכה)	
בעיניה	בעינו; כמו שהוא; בלא שנוי	
בעינן (בעי+אנן; יחיד: בעינא)	שואלים אנו; מבקשים אנו; רוצים אנו; צריכים אנו	
בעל חוב✡	מלוה	
בעל/על כרח-	נגד רצונ-	
בעלמא	בעולם; בדרך כלל; סתם; רק	
בציר	פחות	

מוקדש על ידי רב יצחק פרנק בהוקרה ובתודה
לזכרו של הרב ד"ר **אהרן ליכטנשטיין** זצ"ל
ולהבדיל בין חיים לחיים
לרב ד"ר **משה דוד טנדלר** שליט"א
מורי ורבותי במשך יותר מיובל שנים

בַּר/לְבַר (מִ-) — חוּץ (מִ-); מִלְּבַד
בַּר... (נ: בַּת...; רבים: בְּנֵי...) — בֵּן...; קָטָן; רָאוּי ל-; נִתָּן ל-; תּוֹשָׁב; בְּתוֹךְ זְמַן זֶה; שָׁוֶה; שַׁיָּךְ ב- [90-87]
בָּרָא — חִיצוֹנִי
בְּרָא (רבים: בְּנֵי; בִּנְיָן) — בֵּן; בָּנִים; בְּנוֹ
בְּרִי/בְּרִיא — בָּרִיא; בָּרוּר; וַדַּאי (≠בְּרִי)
בָּרַיְיתָא — "(מִשְׁנָה) חִיצוֹנָה"; מְקוֹר תַּנָּאִי שֶׁלֹּא נִכְלַל בְּמִשְׁנַת רַבִּי
בְּרַתָּא (בַּת...) — בַּת 'בַּר'
בִּשְׁלָמָא... — בְּשָׁלוֹם; (הַדָּבָר) נוֹחַ וּמוּבָן... [413]
בִּתְמִיהָ(ה) — "בִּפְלִיאָה"; בְּדֶרֶךְ שְׁאֵלָה/קֻשְׁיָה
בָּתַר/(לְ)בָתַר — אַחֲרֵי
בָּתְרָא; בָּתְרָאֵי — אַחֲרוֹן; אַחֲרוֹנִים

ג

גַּבֵּי (נ: גַּבְּיָא) — גּוֹבָה
גַּבֵּי.../לְגַבֵּי... — אֵצֶל...; ב-; לְיַד...; עִם...; בְּנוֹגֵעַ ל-; לְעֻמַּת...
גַּבְרָא — גֶּבֶר; אִישׁ
גּוּדָא — גָּדָה; חוֹף; שָׂפָה; כֹּתֶל; כְּלִי עוּר
גַּוְונָא (רבים: גַּוְונֵי) — גָּוֶן; צֶבַע; אֹפֶן; סוּג ↓'כִּי־הַאי'
גּוּפָא — "הַגּוּף"; הִנֵּה נַחֲזוֹר אֶל הַמַּאֲמָר גּוּפוֹ/עַצְמוֹ; ↓'הָא גּוּפָא קַשְׁיָא' [99]
גָּזְרִינַן (גְּזַר+אֲנַן) — גּוֹזְרִים אָנוּ; אָנוּ אוֹסְרִים
גִּיסָא — צַד; כִּוּוּן; גִּיס
גִּירָא (רבים: גִּירֵי) — חֵץ
גַּלֵּי (מקור: גַּלּוֹיֵי) — גִּלָּה (דַּעְתּוֹ); חָשַׂף
גְּלִימָא — "גְּלִימָה"; בֶּגֶד עֶלְיוֹן
גְּמִירִי (יחיד: גְּמִיר) — לוֹמְדִים (מְסֹרֶת מִקַּדְמוֹנֵינוּ)
גַּמְלָא (רבים: גַּמְלֵי) — גָּמָל; גֶּשֶׁר
גְּמָרָא — הֲלָכָה שֶׁהִתְקַבְּלָה בְּמָסֹרֶת; לִמּוּד
גָּמְרִינַן (גְּמַר+אֲנַן) — לוֹמְדִים אָנוּ (מְסֹרֶת מִקַּדְמוֹנֵינוּ)
גְּרִידָא (רבים: גְּרִידְתָא) — לְבַדּוֹ; רַק
גְּרִיר — נִמְשָׁךְ; מִשְׁפָּע; מְגֻרָּה
גַּרְמָא; (לְ)גַרְמֵיהּ — עֶצֶם; (לְ)עַצְמוֹ
גַּרְמָא — גְּרִימָה (בַּעֲקִיפִין)
גְּרַע/גָּרַע בינוני — גָּרוּעַ; פָּחוּת

ד

ד-/דִּי... — שֶׁ-; שֶׁל...
דָּא/דְּנָא — זוֹ
דְּאוֹרַיְיתָא — "שֶׁל הַתּוֹרָה"; שֶׁמְּקוֹרוֹ בַּתּוֹרָה ↑'ד-'
דְּבֵי... (ד+בֵּי) — שֶׁל בֵּית (מִדְרָשׁוֹ) שֶׁל...
דְּבֵיתְהוּ (ד+בֵּיתְהוּ) — "שֶׁל בֵּיתוֹ"; אִשְׁתּוֹ
דַּבְרָא — שָׂדֶה (בְּנִגּוּד לָעִיר)
דַּהֲבָא — זָהָב
דְּהָא (ד+הָא) — שֶׁהֲרֵי...; בִּגְלַל...; שֶׁל זוֹ
דּוּכְתָּא; דּוּכְתֵּיהּ — מָקוֹם; מְקוֹמוֹ
דּוּמְיָא ד- — בְּדוֹמֶה ל-
דַּוְקָא/דַּוְוקָא — בְּדִיּוּק; רַק כָּךְ
דִּידִי/דִּילִי; דִּידָךְ — שֶׁלִּי; שֶׁלְּךָ
דִּידֵיהּ; דִּידַהּ — שֶׁלּוֹ; שֶׁלָּהּ
דָּיֵיק ב (רבים: דַּיְיקֵי) — מְדַקְדֵּק; לוֹמֵד מִדִּיּוּק הַלָּשׁוֹן
דִּין/דֵּין/דְּנָן — זֶה
דִּינָא — דִּין; מִשְׁפָּט; דִּיּוּן מִשְׁפָּטִי; צֶדֶק; סְבָרָה הֶגְיוֹנִית (קַל וָחֹמֶר)
(בְּ)דִיעֲבַד (ב+ד+אִיעֲבַד) — "מִשֶּׁנַּעֲשָׂה"; לְאַחַר מַעֲשֶׂה
דַּיְקָא בינוני פעול נ — מְדֻיֶּקֶת (וְנִתָּן לְדַיֵּק מִמֶּנָּה)
דְּכַוָּותָהּ — "שֶׁכְּמוֹתָהּ"; שֶׁבְּדוֹמֶה לָהּ
דְּכִיר בינוני פעול — "זָכוּר"; זוֹכֵר
דְּכַר עבר — הִזְכִּיר (בְּפִיו)
דָּל! — הָסֵר; הִתְעַלֵּם!
דִּלְמָא/דִּילְמָא... — שֶׁמָּא...
דְּמֵי[1] (יחיד: דְּמָא) — "דָּמִים" (=דָּם)
דְּמֵי[2] רבים — מְחִיר; עֵרֶךְ
דָּמֵי (נ: דַּמְיָא) — דּוֹמֶה; נֶחְשָׁב (כְּמוֹ...) ↓'הֵיכִי דָּמֵי'
דְּעָלְמָא (ד+עָלְמָא) — "שֶׁל הָעוֹלָם"; שֶׁל הַשִּׁגְרָה; רָגִיל [335]
דַּעְתָּא — דַּעַת; מוֹדָעוּת; הַסְכָּמָה
דַּק עבר — דִּיֵּק; בָּדַק
דְּרַבָּנָן (ד+רַבָּנָן) — שֶׁמְּקוֹרוֹ בְּדִבְרֵי חֲכָמִים

ה

הָא...[1]/הֵא-[1] — הֲרֵי...; הִנֵּה...
הָא[2]/הֵ-[2]/הָדָא — זוֹ
הָא גּוּפָא קַשְׁיָא! — "זוֹ עַצְמָהּ קָשָׁה!"; חֶלְקֵי הַמִּשְׁנָה/הַבָּרַיְיתָא סוֹתְרִים זֶה אֶת זֶה! [99]
הָא... (וְ)הָא... — זוֹ... (אֲבָל) זוֹ...
הָא כֵּיצַד?☆ — "זוֹ אֵיךְ?"; אֵיךְ מִתְיַשְּׁבִים הַדְּבָרִים?
הַאי/הָדֵין — זֶה
הָאִידָּנָא — עַכְשָׁיו; בַּזְּמַן הַזֶּה [120]
הָאֵיךְ — הַהוּא [120]
הַב! — תֵּן!; הָבָה (מַהֵר!)
הֲדָדֵי — זֶה עַל זֶה; זֶה אֶת זֶה; זֶה לָזֶה
הֲדַר[1] (ב: הָדַר) — חָזַר; חָזַר בּוֹ
הֲדַר[2] תֹּאַר הפֹּעַל — אַחַר כָּךְ
הוּא הַדִּין... — דִּין זֶה חָל גַּם עַל...
הֲוַאי — הָיְתָה; הָיִיתִי
הוֹאִיל ו-☆ — מִפְּנֵי שֶׁ-
הֲוָה (נ: הֲוַאי) — הָיָה; נִהְיָה; נֶחְשָׁב ↓'מַאי הָוֵי עֲלַהּ'
הֲוָה אָמִינָא — הָיִיתִי אוֹמֵר/חוֹשֵׁב [123]
הֲוָה לֵיהּ ל- — הָיָה לוֹ ל-; הָיָה (צָרִיךְ/יָכוֹל) ל-
הֲוֵינַן/הֲוֵינָא — הָיִינוּ
(וְ)הֲוֵינַן בַּהּ — וְשָׁאַלְנוּ עָלֶיהָ (=עַל הֲלָכָה זוֹ)
הֵי? — אֵיזֶה? אֵיזוֹ? אֵלּוּ? הֵיכָן?
הֵי רַבִּי...? — אֵיזֶה (דִּין שֶׁל) רַבִּי...?
הֵיאַךְ?☆ — אֵיךְ? מַהוּ הַדִּין? אֵיךְ יִתָּכֵן? [124]
הַיְינוּ; הַיְינוּ הָךְ! — זֶהוּ...; זֶהוּ...; זֶה זֶהוּ! [124]
הֵיכָא? — הֵיכָן? אֵיפֹה?
הֵיכָא ד- — בְּמָקוֹם שֶׁ-; בְּמִקְרֶה שֶׁ- ↓'כָּל הֵיכָא'
הֵיכִי? — אֵיךְ? ↓'כִּי הֵיכִי ד-'
הֵיכִי דָּמֵי? — כֵּיצַד? מַהוּ הַמִּקְרֶה?
הֵיכִי מַשְׁכַּחַתְּ לַהּ? — "אֵיךְ תִּמְצָא אוֹתָהּ" (=מְצִיאוּת כָּזוֹ)
הֵימֶנּוּ☆ — מִמֶּנּוּ
הֶיקֵּשָׁא/הֶיקְּשָׁא — הֶקֵּשׁ; הַשְׁוָאָה (עַל פִּי פְּסוּקִים)
הָךְ — הַהִיא; אוֹתָהּ; זוֹ ↓'הַיְינוּ'
הָכָא — כָּאן
הָכִי — כָּךְ
הָכִי הַשְׁתָּא?! — "כָּךְ עַכְשָׁיו?!" הַאֻמְנָם? [125]
הָכִי נַמֵּי — אָכֵן כָּךְ ↓'אִין, הָכִי נַמֵּי'
הָכִי נַמֵּי? (ד-)?! — הַאֻמְנָם כָּךְ?!
הָכִי קָאָמַר/קָתָנֵי: — כָּךְ הוּא אוֹמֵר/מְלַמֵּד: [125]
הַלָּז (רבים: הַלָּלוּ) — הַהוּא; הַהִיא
הִלְכָּךְ/הִילְכָּךְ — "הוֹאִיל וְכָךְ"; לָכֵן... [126]
הִלְכְתָא/הִילְכְתָא — הֲלָכָה; פְּסַק הֲלָכָה [126]
הַנְהוּ/הָנָךְ — הָהֵם
הָנֵי — אֵלֶּה
הָנֵי מִילֵּי... — דְּבָרִים אֵלּוּ (אֲמוּרִים רַק ב-) [126]
הֲנִיחָא/הָא־נִיחָא — "זוֹ נוֹחָה"; זוֹ מוּבֶנֶת (לְדַעַת...)
הָנָךְ/הַנְהוּ — הָהֵם
הַשְׁתָּא (הָא+שַׁעְתָּא) — "שָׁעָה זוֹ"; עַכְשָׁיו ↓'הָכִי הַשְׁתָּא' [127]
הַשְׁתָּא ד- — עַכְשָׁיו שֶׁ-; כֵּיוָן שֶׁ- [127]
הָתֵינַח/הָא־תֵּינַח — "זוֹ תְּהֵא נוֹחָה" ↓'תֵּינַח'
הָתָם; מֵהָתָם — שָׁם; מִשָּׁם [128-127]
(וְ)הָתַנְיָא: ...!/(וְ)הָא־תַנְיָא: ...! — (וַ)הֲרֵי (בָּרַיְיתָא זוֹ) שְׁנוּיָה: ...!
(וְ)הָתְנַן: ...!/(וְ)הָא־תְנַן: ...! — וַהֲרֵי (בְּמִשְׁנָתֵנוּ) שָׁנִינוּ: ...!

ז

זְבִין (ב: מְזַבִּין) — מָכַר
זְבִינֵי — מְכִירָה (וּקְנִיָּה)
זְבַן (ב: זָבֵין) — קָנָה
זוּזָא (רבים: זוּזֵי) — זוּז (מַטְבֵּעַ שֶׁעֶרְכּוֹ 192 פְּרוּטוֹת)
זוּטָא/זוּטַר (רבים: זוּטְרֵי) — קָטָן; מוּעָט; חָסֵר מַשְׁמָעוּת
זִיל![1] אזל√ — לֵךְ!
זִיל[2] (נ: זִילָא) — זוֹל; מְזֻלְזָל
זִימְנָא (רבים: זִימְנֵי) — זְמַן; פַּעַם
זִימְנִין תֹּאַר הפֹּעַל — לִפְעָמִים

ח

חַד ז; חֲדָא נ — אֶחָד; אַחַת
חֲדַת; חַדְתִּי; חַדְתֵּי — חָדָשׁ; חֲדָשָׁה; חֲדָשִׁים [140]
חוּמְרָא — מַעֲמָד חָמוּר; הַקְפָּדָה יְתֵרָה [141]
חֲזָא; חָזֵי; חֲזִי! — רָאָה; רוֹאֶה; רְאֵה!
חֲזִי (נ: חַזְיָא) — רָאוּי; נִרְאֶה (=נִתָּן לִרְאוֹתוֹ)
חָיְישִׁינַן — חוֹשְׁשִׁים אָנוּ [145]
חֲלַשׁ עבר — נֶחְלַשׁ; לָקָה בְּמַחֲלָה [148]
חֲמִיר (נ: חֲמִירָא) — חָמוּר; קָשֶׁה
חֲמִירָא — שְׂאוֹר; חָמֵץ
חַמְרָא/חֲמַר — יַיִן [149]
חֲמָרָא/חֲמָר — חֲמוֹר [149]
חַסּוֹרֵי מִחַסְּרָא... — (לְשׁוֹן הַתַּנָּא) אָכֵן חֲסֵרָה... [150]
חַסְפָּא — חֶרֶס
חָשֵׁיב ב פּוֹעֵל — חוֹשֵׁב; סוֹפֵר; מְצַיֵּן
חֲשִׁיב בינוני פָּעוּל — חָשׁוּב; נֶחְשָׁב

ט

טוּבָא — הַרְבֵּה; מְאוֹד
טַעְמָא (רבים: טַעְמֵי) — טַעַם; סִבָּה; שִׁיטָה; דֵּעָה ↓'לְטַעֲמֵיהּ'; 'לְטַעְמָיךְ' [161]
טְפֵי — יוֹתֵר

י

יְהַב (ב: יָהֵיב) — נָתַן
יוֹמָא (רבים: יוֹמֵי/יוֹמִין) — יוֹם; יוֹם כִּפּוּר; הַשֶּׁמֶשׁ [166]
יָלֵיף; יָלְפִינַן — לוֹמֵד; לוֹמְדִים אָנוּ ↓'לֵילַף'; 'לְמֵילַף'
יְמָמָא (רבים: יְמָמֵי) — יוֹם (בְּנִגּוּד לְלַיְלָה) [168]
יְנוּקָא (רבים: יְנוּקֵי) — תִּינוֹק; יֶלֶד
יַרְחָא (רבים: יַרְחֵי) — יָרֵחַ; חֹדֶשׁ
יָתֵיב (ב: יָתֵיב) — יָשַׁב; גָּר; נִמְצָא
יַתִּירָא (נ: יַתִּירְתָּא) — מְיֻתָּר; נוֹסָף; הַרְבֵּה
יַתְמֵי (יחיד: יַתְמָא) — יְתוֹמִים

כ

כְּגוֹן... — כְּמוֹ...; כְּעֵין...; לְדֻגְמָה...
כַּד... — כַּאֲשֶׁר...; כְּשֶׁ- (=בִּזְמַן שֶׁ-)
כִּד- — כְּמוֹ שֶׁ-
כְּדִי — לְלֹא צֹרֶךְ; לְבַד; סְתָם; בְּלֹא שֵׁם אוֹמְרוֹ (≠כְּדֵי☆) ↑'אָמְרִי לַהּ כְּדִי' [173]
כְּוָותֵיהּ/כְּוָתֵיהּ — כָּמוֹהוּ ↓'תַּנְיָא כְּוָותֵיהּ'
כּוּלָּא (כּוּלֵּי...) — הַכֹּל; כָּל
כּוּלֵּי עָלְמָא — כָּל הָעוֹלָם; כָּל בְּנֵי הַמַּחֲלֹקֶת
כִּי.../כְּ- — כְּמוֹ...; כְּשֶׁ-; אִם ...; כָּךְ (≠כִּי☆)
(וְ)כִי...?!☆ — הַאִם...?!
כִּי הָא... — "כְּמוֹ זוֹ..."; תּוֹאֵם אֶת הַהֶמְשֵׁךְ:
כִּי־הַאי גַּוְונָא — כְּגוֹן זֶה; בְּאֹפֶן זֶה
כִּי הֲדָדֵי — "דּוֹמִים זֶה לָזֶה"; שָׁוִים
כִּי הֵיכִי ד- — כְּמוֹ שֶׁ-; כְּדֵי שֶׁ-
(וְ)כִי תֵּימָא: — וְאִם תֹּאמַר:
כֵּיוָן שֶׁ-☆/ד- — מִשּׁוּם שֶׁ-; (מִיָּד) לְאַחַר שֶׁ-
כָּל הֵיכָא ד- — בְּכָל מָקוֹם שֶׁ-; בְּכָל זְמַן שֶׁ-
כָּל כְּמִינֵּיהּ?! — "הַכֹּל מִמֶּנּוּ"?! הַכֹּל תָּלוּי בּוֹ?! [178]
כְּלוּם[1] — דָּבָר; מַשֶּׁהוּ
כְּלוּם...?![2] — הַאִם...?!
כְּלָךְ!☆ — לֵךְ לְךָ!
כְּלַפֵּי לַיָּיא! — "מוּל הָאַלְיָה (=זְנַב הַכֶּבֶשׂ)"! לְהֵפֶךְ!
כְּמַאן (אָזְלָא)...? — כְּמוֹ מִי (הוֹלֶכֶת)...?
כְּעֵין... — כְּמוֹ...; כְּגוֹן...; בְּדוֹמֶה ל-
כְּתִיב — כָּתוּב (בתנ"ך)
כְּתַנָּאֵי: — מַחֲלֹקֶת תַּנָּאִים הִיא: [435]

ל

לְ-[1] — לְ- (=אֶל...; לְמַעַן...; שֶׁל...) ↑'אִית ל-'
לְ-[2] — אֶת... ↓'אָמְרִי לַהּ'
לֹא... אֶלָּא...☆ — רַק...
לָא אֲמַרַן אֶלָּא... — אָמַרְנוּ רַק...
(וְ)לָא הִיא! — אֲבָל אֵין הַדָּבָר כָּךְ!
(וְ)לָא קַשְׁיָא — (וְ)אֵינָהּ קָשָׁה; אֵין סְתִירָה
לָא מִיבַּעְיָא — לֹא צְרִיכָה (לְהֵאָמֵר/לְהִשָּׁאֵל)
לֹא נִצְרְכָא/נִצְרְכָה אֶלָּא...☆ — (הַמִּשְׁנָה/הַבָּרַיְיתָא) נִצְרְכָה (לְלַמְּדֵנוּ) רַק...
לָא! צְרִיכָא: — לֹא (כְּמוֹ שֶׁחָשַׁבְתָּ)! (הַמִּשְׁנָה/הַבָּרַיְיתָא) נִצְרֶכֶת: (≠אֵימָא לָא)
לָא שְׁנָא — אֵין הֶבְדֵּל
לֹא שָׁנוּ אֶלָּא...☆ — מַה שֶּׁלִּמְּדוּ הַתַּנָּאִים - תָּקֵף רַק ב-
לָאו[1] — לֹא
לָאו...?![2] — הַאִם לֹא...?! ↑'אֶלָּא לָאו...?!'
לָאו[3] (רבים: לָאוִין) — מִצְוַת לֹא תַעֲשֶׂה
לָאו דַּוְקָא — לֹא בְּדִיּוּק; לֹא בְּהֶכְרֵחַ כָּךְ
לְאַלְתַּר (עַל+אֲתַר) — "עַל הַמָּקוֹם"; מִיָּד
לְאַפּוּקֵי נפק√ — לְהוֹצִיא ↑'אַפֵּיק'
לְאָתוּיֵי/לְאַיְתוּיֵי — לְהָבִיא; לְרַבּוֹת; לִכְלוֹל
לְגוֹ; לְגַוַּאי/לְגָאו — לְתוֹךְ...; כְּלַפֵּי פְּנִים
לְגַמְרֵי — לַחֲלוּטִין
לְגַרְמֵיהּ — לְעַצְמוֹ ↑'גַּרְמָא'
לְדִידִי — לִי; לְדַעְתִּי; אֲנִי בְּעַצְמִי; בִּשְׁבִילִי
לְהֶדְיָא — בְּגָלוּי; יְשִׁירוֹת; מִיָּד
לְהַלָּן☆ — שָׁם; בְּפָסוּק אַחֵר
לְחוּד; לְחוּדֵיהּ — לְבַד; בִּפְנֵי עַצְמוֹ/לְבַדּוֹ
לְטַעֲמֵיהּ — לְפִי שִׁיטָתוֹ ↑'אָזְדָא לְטַעֲמֵיהּ'
(וְ)לְטַעְמָיךְ — אֲבָל לְשִׁיטָתְךָ (גַּם קָשֶׁה...)!
לִיגְמַר עתיד — יִלְמַד; נִלְמַד ↑'גְּמָרָא'
לֵיהּ; לְהוּ; לַן — לוֹ/אוֹתוֹ; לָהֶם/אוֹתָם; לָנוּ/אוֹתָנוּ ↑'לְ-'
לֶיהֱוֵי עתיד — יִהְיֶה; יְהִי
לֵיזִיל אזל√ עתיד — יֵלֵךְ ↓'נֵיזִיל'
לֵיחוּשׁ עתיד — יַחְשׁוֹשׁ; נַחְשׁוֹשׁ ↓'נֵיחוּשׁ'
לֶיחֱזֵי/לֶחֱזֵי עתיד — יֵרָאֶה; נִרְאֶה ↓'נֶיחֱזֵי'
לַיְיתֵי/לַיְתֵי אתי√ — יָבִיא; יִלְמַד ↓'נַיְיתֵי'
לֵיכָּא (לָא+אִיכָּא) — אֵין כָּאן; אֵין ↓'תּוּ לֵיכָּא'
לֵיכוּל אכל√ עתיד — יֹאכַל ↓'נֵיכוּל'
לֵילַף עתיד — יִלְמַד; נִלְמַד ↑'יָלֵיף' ↓'נֵילַף'
לֵימָא אמר√ עתיד — יֹאמַר; נֹאמַר ↓'נֵימָא'
לֶיעֱבֵיד/לֶעֱבֵיד — יַעֲשֶׂה ↓'נֶעֱבֵיד'
לִיפְלוֹג/לִפְלוֹג — יַחֲלוֹק; יַבְחִין; יְחַלֵּק
לֵיקוּם/לֵיקוּ עתיד — יַעֲמוֹד; נַעֲמוֹד ↓'נֵיקוּם'
לִישָּׁנָא — לָשׁוֹן; גִּרְסָה; בִּטּוּי
לִישָּׁנָא אַחֲרִינָא — לָשׁוֹן אַחֶרֶת; גִּרְסָה אַחֶרֶת
לֵית (לָא+אִית) — אֵין [195]
לֵיתֵי אתי√ עתיד — יָבוֹא; יִלָּמֵד ↓'נֵיתֵי'; 'תֵּיתֵי'
לִיתְנֵי עתיד — "יִשְׁנֶה"; יְלַמֵּד (הַתַּנָּא) ↓'נִיתְנֵי'
לִכְאוֹרָה — בְּמַבָּט רִאשׁוֹן
לִכְתּוֹב/לִיכְתּוֹב — יִכְתּוֹב ↓'נִכְתּוֹב'
לְכַתְּחִלָּה — מֵרֹאשׁ; לִפְנֵי מַעֲשֶׂה
לְמֵיכַל אכל√ — לֶאֱכוֹל
לְמֵילַף — לִלְמוֹד ↑'יָלֵיף'
לְמֵימַר אמר√ — לוֹמַר
לְמֵימְרָא...?! אמר√ — (הַאִם) לוֹמַר...?! ↓'מַאי לְמֵימְרָא'
לְמֶיעֱבַד/לְמֶעֱבַד — לַעֲשׂוֹת
לְמִיתְנֵי/לְמִיתְנָא — לִשְׁנוֹת/לְלַמֵּד (בַּמִּשְׁנָה/בַּבָּרַיְיתָא)
לְמַעוֹטֵי — לְמַעֵט; לְהוֹצִיא (מֵהַכְּלָל) ↓'מִיעוּטָא'
לְעוֹלָם☆ — תָּמִיד...; בֶּאֱמֶת...; עֲדַיִן...
לְעֵיל/לְעֵילָּא — לְמַעְלָה; קֹדֶם לָכֵן
לָקֵי — לוֹקֶה
לְקַמֵּיהּ; לְקַמָּן — לְפָנָיו; לְפָנֵינוּ/בְּהֶמְשֵׁךְ ↓'קַמֵּי' [379]
לְרַבּוֹיֵי — לְרַבּוֹת; לִכְלוֹל; לְהַרְחִיב ↓'רִיבּוּיָא'

מ

מֵאַחַר שֶׁ-☆/ד- — מִפְּנֵי שֶׁ-; לְאַחַר שֶׁ-
מַאי? — מַה? מַהוּ (הַדִּין)? לָמָּה? אֵיךְ?
מַאי אִירְיָא? — לָמָּה תָּפַסְתָּ דַּוְקָא פְּרָט/מִקְרֶה זֶה, וְלֹא אֲחֵרִים?
מַאי בֵּינַיְיהוּ? — מַהוּ הַהֶבְדֵּל בֵּינֵיהֶם (=בֵּין הַחוֹלְקִים)?
מַאי ד- — מַה שֶּׁ-
מַאי הָוֵי עֲלַהּ? — "מַה יִּהְיֶה עָלֶיהָ"? אֵיךְ נִפְתֶּרֶת הַשְּׁאֵלָה הַקּוֹדֶמֶת?
(לְ)מַאי הִלְכְתָא? — לְאֵיזוֹ הֲלָכָה (נִצְרָךְ מַה שֶּׁלְּמַעְלָה)?
מַאי? לָאו...?! — מַה? הַאִם לֹא (מְדֻבָּר ב-)?!
מַאי לְמֵימְרָא? — מַה (הַחִדּוּשׁ שֶׁבָּא) לוֹמַר?
מַאי מַשְׁמַע? — אֵיךְ מִשְׁתַּמֵּעַ (מִן הַכָּתוּב)?
(לְ)מַאי נָפְקָא מִינַּהּ? — "מַה (מִבְּחִינָה הִלְכָתִית) יוֹצֵאת מִמֶּנָּה?" מַה זֶה מְשַׁנֶּה?
(בְּ)מַאי עָסְקִינַן? — בַּמֶּה אָנוּ עוֹסְקִים?
(בְּ)מַאי קָמִיפַּלְגִי? — בַּמֶּה הֵם חֲלוּקִים?
מַאי קְרָא/קְרָאָה? — מַהוּ הַפָּסוּק (שֶׁמִּמֶּנּוּ לוֹמְדִים)? [210]
מַאי שְׁנָא? — מַה נִּשְׁתַּנָּה?
מַאן? — מִי?
מַאן ד- — מִי שֶׁ-
מַאן דְּאָמַר — "מִי שֶׁאוֹמֵר"; הֶחָכָם הָאוֹמֵר
מָאנֵי/מָנֵי — כֵּלִים; בְּגָדִים ↓'מָנָא/מָאנָא'
מִגּוֹ.../מִיגּוֹ... — מִתּוֹךְ...; טַעֲנַת "מִיגּוֹ ד-"
מִגּוֹ ד- / מִיגּוֹ ד- — "מִתּוֹךְ שֶׁ-"; מִכֵּיוָן שֶׁ-
מִד- — מִשֶּׁ-; מִכֵּיוָן שֶׁ-
מִדְּקָתָנֵי: — מִכֵּיוָן שֶׁ(הַתַּנָּא) שׁוֹנֶה/מְלַמֵּד:
מְדַמֵּי (רבים: מְדַמּוּ) — מְדַמֶּה; מַשְׁוֶה
מַה...☆ — מַה? לָמָּה? אֵיךְ? כְּמוֹ שֶׁ-; מִכֵּיוָן שֶׁ-
מָה אֲנִי מְקַיֵּם: ...?☆ — אֵיךְ אֲנִי מְפָרֵשׁ: ...?
מַה (מָצִינוּ)... אַף...☆ — כְּמוֹ שֶׁ(מָּצָאנוּ בְּעִנְיָן א')... גַּם (בְּעִנְיָן ב')...
מָה לִי... מָה לִי... — "מַה (מְשַׁנֶּה) לִי..."; אֵין הֶבְדֵּל אִם כָּךְ אוֹ כָּךְ!
מַה נַּפְשָׁךְ?☆ — מָה רְצוֹנְךָ (לִטְעוֹן)?
מְהַדַּר/מִיהַדַּר — "מְחַזֵּר"; טוֹרֵחַ וּמִשְׁתַּדֵּל
מַהְדַּר — מַחֲזִיר; מֵשִׁיב; עוֹשֶׂה שׁוּב
מַהוּ? (מַה+הוּא) — מַהוּ (הַדִּין)?
מַהוּ דְּתֵימָא: ...? — "מַהוּ שֶׁתֹּאמַר?" שֶׁמָּא תִּטְעַן: ...?
מְהֵימַן; מְהֵימְנָא — נֶאֱמָן/מַאֲמִין; נֶאֱמֶנֶת [219]
מַהְנֵי (נ: מַהְנְיָא) — מְהַנֶּה; מוֹעִיל (≠מֵהָנֵי = מֵ+הָנֵי)
מוֹדֵי — מוֹדֶה; מַסְכִּים; מַכִּיר טוֹבָה
מוֹקִים/מוֹקֵי — מַעֲמִיד; מְפָרֵשׁ ↑'אוֹקִי'
מוֹתִיב[1]/מְתִיב — מֵשִׁיב; מַקְשֶׁה ↓'מֵיתִיבִי'
מוֹתִיב[2] יתב√ — מוֹשִׁיב; מַנִּיחַ; מְמַנֶּה
מְזַבֵּין — מוֹכֵר
מְחַוַּורְתָּא... — "מְחֻוֶּרֶת"; (הַתְּשׁוּבָה) הַבְּרוּרָה...
מַחֲוֵי — מַרְאֶה; מַמְחִישׁ ↑'אַחְוִי'
מְטָא (רבים: מְטוּ) — הִגִּיעַ
מִי...?! — וְכִי...?! הַאִם...?! (≠מִי☆)
מַיָּא — מַיִם
מִיבַּעְיָא (נ: מִבַּעְיָא) — צָרִיךְ; נִצְרָךְ; נִשְׁאַר בִּשְׁאֵלָה [212]
מִיגּוֹ... — ↑מִגּוֹ
מִידֵּי[1]/מִידַּעַם — מַשֶּׁהוּ; (שׁוּם) דָּבָר [232]
מִידֵּי...?![2] — הַאִם...?!
מִיהָא/מִיהַת — בְּכָל אֹפֶן; עַל כָּל פָּנִים; לְפָחוֹת [232]
מִיהוּ — אֲבָל...; אַךְ (≠מִיהוּ☆)
מִיחֲזֵי/מִחֲזֵי — נִרְאֶה; נִדְמֶה
מִיחַיַּיב/מִחַיַּיב — מְחֻיָּב; מֻטֶּלֶת עָלָיו חוֹבָה
מַיְירֵי — "מְעָרֶה"; עוֹסֵק (ב-); דָּן (ב-)
מָיֵית (רבים: מָיְיתִי) — מֵת; נִפְטָר
מַיְיתֵי (רבים: מַיְיתוּ/מַיְיתִי) אתי√ — מֵבִיא; מְלַמֵּד [234]
מִילְּתָא/מִלְּתָא (רבים: מִילֵּי) — מִלָּה; דִּבּוּר; דָּבָר; עִנְיָן (חָשׁוּב)
מֵימְרָא שם עצם — מַאֲמָר (שֶׁל אָמוֹרָא)
מִינֵּיהּ (נ: מִינַּהּ; רבים: מִינַּיְיהוּ) — מִמֶּנּוּ
מִינַּסְבָא נ — נִשֵּׂאת; נִלְקַחַת לִהְיוֹת אִשָּׁה
מִיעוּטָא (רבים: מִיעוּטֵי) — מִעוּט; הוֹצָאָה מִן הַכְּלָל (=בִּטּוּי בַּכָּתוּב הַמְּצַמְצֵם אֶת הַכְּלָל)

מִיפַלְגִי	חֲלוּקִים; מֶחְלָקִים ↑'אִדְּמִיפַלְגִי'	[258]
מֵיתִיבֵי/מְתִיבִי	מְשִׁיבִים (תְּשׁוּבָה); מַקְשִׁים ↑'מְתִיב'	
מִכְּדִי...	מִכֵּיוָן שֶׁ- (≠מִכְּדֵי☆)	
מִכׇּל מָקוֹם	בְּכׇל אֹפֶן; בְּכׇל מִקְרֶה	
מִכְּלָל דְּ-	מִכָּאן נִתָּן לְהַסִּיק שֶׁ	
מְמַאי?	מִמָּה (הֲבֵאתָ רְאָיָה)? מִנַּיִן לְךָ?	
מִמֵּילָא	מֵאֵלָיו/מֵאֵלֶיהָ; מֵעַצְמוֹ/מֵעַצְמָהּ	
מְנָא...?	מִנַּיִן...?	
מְנָא הָנֵי מִילֵּי?	מִנַּיִן (הַמָּקוֹר ל)דְּבָרִים אֵלּוּ?	
מָנָא/מָאנָא	כְּלִי; בֶּגֶד ↑'מָאנֵי'/'מָנֵי'	
(וּ)מַנּוּ? (מַאן+הוּא)	מִי הוּא?	
מַנִּי? (מַאן+הִיא)	מִי הִיא? שֶׁל מִי הִיא? (≠מָאנֵי/מָנֵי)	
מְנַיְינָא/מִנְיָנָא	מִנְיָן; מִסְפָּר	
מְנָלָן/מְנָא־לַן?	מִנַּיִן לָנוּ? מֵהֵיכָן (בַּכָּתוּב) לָמַדְנוּ?	
מְסַיַּיע (ב: מְסַיְּעָא)	מְסַיֵּעַ; מְחַזֵּק (=מוֹכִיחַ אֶת עֶמְדָּתוֹ)	
מַסִּיק (רבים: מַסְּקִי)	מַעֲלֶה (עַל דַּעְתּוֹ); מַסִּיק (מַסְקָנוֹת); נוֹשֶׁה (פֵּרָעוֹן חוֹב)	[248]
מְסַפְּקָא לֵיהּ	מְסֻפֶּקֶת לוֹ; הוּא מְסֻפָּק	
מַסְקָנָא	מַסְקָנָה; סִיּוּם; סוֹף	
מִסְתַּבְּרָא	מִסְתַּבֶּרֶת; מוּבֶנֶת; הַסְּבָרָה נוֹטָה	
מְעַיִן	תַּמְצִית שֶׁל; קִצּוּר שֶׁל; בְּדוֹמֶה לְ-	
מְעִיקָּרָא	"מֵעִקָּרוֹ שֶׁל דָּבָר"; בָּרִאשׁוֹנָה	[338]
מְעַכֵּב (ב: מְעַכְּבָא)	מוֹנֵעַ (אֶת קִיּוּם הַמִּצְוָה); הֶכְרֵחִי	
מַעֲלֵי; מַעַלְיָא	מַעֲלָה; מוֹעִיל; טוֹב; גָּמוּר	[256-254]
מַעֲלֵי שַׁבְּתָא	עֶרֶב שַׁבָּת (=יוֹם הַשִּׁשִּׁי) ↑'עָלֵי'	
מַעֲרָבָא	מַעֲרָב (לְבָבֶל); אֶרֶץ יִשְׂרָאֵל	
מַפִּיק (ב: מַפְּקָא; רבים: מַפְּקֵי) נפק√	מוֹצִיא ↑'אַפֵּיק'	
מְפָרֵק	מְתָרֵץ; מְיַשֵּׁב (קֻשְׁיָה); פּוֹרֵק (מַשָּׂא)	
מָצֵי (רבים: מָצוּ)	יָכוֹל	[263]
מְצִיעֲתָא נ	הָאֶמְצָעִית; הַחֵלֶק הָאֶמְצָעִי (בַּמִּשְׁנָה/בַּבָּרַיְיתָא)	
מְצַלֵּי (עבר: צַלִּי)	מִתְפַּלֵּל (תְּפִלַּת הָעֲמִידָה)	[264]
מַקִּישׁ (רבים: מַקְּשֵׁי)	מַקִּישׁ; מְשַׁוֶּה; מְדַמֶּה ↑'אַקֵּשׁ-²'	
מִקַּמֵּי...	לִפְנֵי...; מִפְּנֵי... ↑'קַמֵּי'	
מַקְנֵי	מַקְנֶה; מוֹכֵר; מַעֲבִיר (לִרְשׁוּת) אַחֵר	
מַקְשֵׁי	מַקְשֶׁה; מַעֲלֶה קֻשְׁיָה ↑'אַקְשִׁי-¹'	
מַקְשִׁינַן	מַקְשִׁים אָנוּ; מַשְׁוִים אָנוּ ↑'מַקִּישׁ'	
מָר	אָדוֹן; אֲדוֹנִי; רַב; כִּנּוּי לְחָכָם (לְלֹא סְמִיכָה) ↑'אָמַר מָר'	
מֵרֵישׁ	מֵרֹאשׁ...; מִתְּחִלָּה... (≠מְרִישׁ☆)	
מְשַׁוֵּי	עוֹשֶׂה; מַחְשִׁיב; מְמַנֶּה ↑'שַׁוִּי'	[275]
מִשּׁוֹי/מַשּׂוֹאִי☆	מַשָּׂא; מִטְעָן	
מִשּׁוּם...	בְּשֵׁם...; מֵחֲמַת...; מֵעִנְיַן...	
מִשּׁוּם דְּ-	מִשּׁוּם שֶׁ-; מִפְּנֵי שֶׁ-	
מַשְׁכַּחַתְּ	מוֹצֵא אַתָּה ↑'אַשְׁכְּחַתְּ'; 'הֵיכִי מַשְׁכַּחַתְּ'	
מִשְּׁמֵיהּ דְּ-	"מִשְּׁמוֹ שֶׁל..."; בְּשֵׁם... ↑'אָמַר ר''	
מַשְׁמַע בינוני פועל	מַשְׁמִיעַ; מְלַמֵּד; מוּבָן ↑'אַשְׁמְעִינַן'; 'מַאי מַשְׁמַע'; ↑'קָמַשְׁמַע'	[278]
מַשְׁמָע☆ שם עצם	מַשְׁמָעוּת (הַכָּתוּב); פֵּרוּשׁ (פָּשׁוּט)	
מְשַׁעְבְּדֵי	(נְכָסִים) מְשֻׁעְבָּדִים	
מִשְׁתָּעֵי	מְדַבֵּר; מְסַפֵּר; טוֹעֵן	
מֵתִיב/מוֹתִיב	מֵשִׁיב; מַקְשֶׁה ↑'אֵיתִיבֵיהּ'; 'מֵיתִיבֵי'	
מַתְנֵי (רבים: מַתְנוּ)	מְלַמֵּד (תּוֹרָה שֶׁבְּעַל פֶּה); מַתְנֶה (תְּנָאִי)	[286]
מַתְנִיתָא (רבים: מַתְנְיָיתָא)	"מִשְׁנָה (חִיצוֹנָה)"; בָּרַיְיתָא	
מַתְנִיתִין	מִשְׁנָתֵנוּ (שֶׁל ר' יְהוּדָה הַנָּשִׂיא)	[287]
מַתְקִיף לָהּ:	מַתְקִיף אוֹתָהּ; מַקְשֶׁה עָלֶיהָ:	[288]

נ

נְהִי...	"יְהִי"; נָנִיחַ (שֶׁ-); אַף עַל פִּי...	[295]
נְחִית (ב: נָחֵית)	יָרַד	
נְטַר	"נָטַר"; שָׁמַר; הִמְתִּין	[299]
נִיהוּ	...הוּא	
נִיהֲלֵיהּ; נִיהֲלַהּ	לוֹ; לָהּ	
נֵיזִיל אזל√	נֵלֵךְ; יֵלֵךְ ↑'לֵיזִיל'	[299]
נִיחָא	נוֹחָה; מוּבֶנֶת; מַתְאִימָה	[299]
נֵיחוּשׁ	נַחְשֹׁשׁ; יַחְשֹׁשׁ ↑'לֵיחוּשׁ'	
נֶיחֱזֵי/נִחְזֵי (אֲנַן)	נִרְאֶה (אֲנַחְנוּ) ↑'לֶיחֱזֵי'	
נֵייתֵי/נֵיתֵי אתי√	יָבִיא; נָבִיא ↑'לַיְתֵי'	
נֵיכוּל אכל√	יֹאכַל; נֹאכַל ↑'לֵיכוּל'	
נֵילַף	נִלְמַד; יִלְמַד ↑'לֵילַף'	
נֵימָא אמר√	(הַאִם) נֹאמַר; יֹאמַר ↑'לֵימָא'	
נִינְהוּ	...הֵם	
נֵיקוּם/נֵיקוּ	יַעֲמֹד; נַעֲמֹד ↑'לֵיקוּם'	
נֵיתֵי אתי√	יָבוֹא; נָבוֹא ↑'לֵיתֵי'	
נִיתְנֵי	יִלָּמֵד; נִלְמַד (בַּמִּשְׁנָה/בַּבָּרַיְיתָא)	
נִכְתּוֹב/נִיכְתּוֹב	יִכְתֹּב (הַקָּבָּ"ה); נִכְתֹּב ↑'לִכְתּוֹב'	
נָמֵי	גַּם כֵּן; אֶפְשָׁר; אָכֵן ↑'אִי נָמֵי'	[303]
נְסֵיב/נְסַב (ב: נָסֵיב)	נָשָׂא (אִשָּׁה); לָקַח; תָּפַס; אָמַר	[304]
נֶעֱבֵיד/נֵיעֲבֵיד	יַעֲשֶׂה; נַעֲשֶׂה ↑'לֶיעֱבֵיד'	
נְפִישׁ (רבים: נְפִישֵׁי)	מְרֻבֶּה; הַרְבֵּה	
נְפַק (ב: נָפֵיק)	יָצָא; נִלְמַד; יָצָא יְדֵי חוֹבָתוֹ	
נָפְקָא מִינַּהּ	נִלְמֶדֶת מִמֶּנָּה; נִתָּן לִלְמוֹד מִכָּאן	[307]
נַפְשֵׁיהּ; נַפְשָׁהּ	עַצְמוֹ; עַצְמָהּ	
נְקַט (ב: נָקֵיט)	אָחַז; לָקַח; תָּפַס; הִשְׁתַּמֵּשׁ; אִמֵּץ	

ס

סָבָא (רבים: סָבֵי)	זָקֵן; מְזֻקָּן; אָבִי הָאָב/הָאֵם	
סְבַר; סְבִירָא לֵיהּ	סָבַר/חָשַׁב/הֵבִין; הוּא סָבוּר	
סְבָרָא	סְבָרָה; הִגָּיוֹן ↑'מִסְתַּבְּרָא'	[315]
סַגִּי (ב: סַגְיָא)	רַב; מַסְפִּיק	[316]
סַהֲדִי (יחיד: סָהֲדָא)	עֵדִים	
סִיַּיעְתָּא/סַיַּיעְתָּא	סִיּוּעַ, עֶזְרָה	
סֵיפָא	הַסּוֹף; הַחֵלֶק הָאַחֲרוֹן (בַּמִּשְׁנָה/בַּבָּרַיְיתָא) ↑'אֵימָא סֵיפָא'	[320]
סְלֵיק	סִלֵּק; הֵסִיר; סִיֵּם	
סְלֵיק (ב: סָלֵיק; סָלְקָא)	עָלָה; נִגְמַר; הוֹעִיל; קָרָה	
סָלְקָא דַּעְתָּךְ?!	הַאִם עוֹלָה (עַל) דַּעְתְּךָ?!	
סָלְקָא דַּעְתָּךְ אָמִינָא:	עוֹלָה (עַל) דַּעְתְּךָ (שֶׁ)אֹמַר:	
סְמִי...!	מְחוֹק...! הַשְׁמֵט (מִן הַמִּשְׁנָה/הַבָּרַיְיתָא הַמֻּקְשָׁה)	[322]
סְפֵק סְפֵיקָא	סָפֵק כָּפוּל; סָפֵק בְּתוֹךְ סָפֵק	
סְתָמָא	סְתָם; כְּלָלִי; אֵינוֹ מְסֻיָּם וּמְגֻדָּר; דֵּעָה הַמֻּבַּעַת בְּלִי שֵׁם אוֹמְרָהּ	

ע

עֲבַד/עֲבֵיד; עָבֵיד	עָשָׂה; עוֹשֶׂה; עוֹשֶׂה ↑עוּבְדָא	
עֲבֵידָא; עֲבִידָא	עָשׂוּי (ל-); עֲשׂוּיָה (ל-)	
עֲדִיף (ב: עֲדִיפָא)	עָדִיף; טוֹב יוֹתֵר	
עוּבְדָא; עוּבְדִין	מַעֲשֶׂה; מַעֲשִׂים ↑'עֲבַד'	
עִידָּנָא (עידן...)	זְמַן; זְמַן קָבוּעַ; שִׁעוּר (תּוֹרָה) קָבוּעַ	
עַיֵּיל (ב: מְעַיֵּיל)	הֵבִיא; הִכְנִיס	[333-332]
עַיֵּין (ב: מְעַיֵּין)	עִיֵּן; הִתְבּוֹנֵן; בָּדַק	
עִילָּוֵי...; עִילָּוֵיהּ	עַל...; עָלָיו	
עֵינָא	עַיִן; מַרְאֶה; מַעְיָן	
עַל/עָיֵיל (ב: עָיֵיל)	בָּא; נִכְנַס	[333-332]
עַל כָּרְחָךְ	נֶגֶד רְצוֹנְךָ	
עֲלֵיהּ; עֲלַהּ	עָלָיו; עָלֶיהָ (לְגַבֵּי נוֹשֵׂא זֶה)	
עָלְמָא	(יוֹשְׁבֵי) הָעוֹלָם ↑'בְּעָלְמָא'; 'דְּעָלְמָא'	
עָסְקִינַן (עסקי+אנן)	עוֹסְקִים ↑'(בְּ)מַאי עָסְקִינַן'	

פ

פּוּמָא (פום...)	פֶּה; פֶּתַח	[343]
פּוּק! נפק√	צֵא!	[436,343]
פּוּרְתָּא	מְעַט; קְצָת	
פִּירְכָא	קֻשְׁיָה; סְתִירָה ↑'אִיכָּא לְמִיפְרַךְ'	
פִּירְקָא	פֶּרֶק (לְמָשָׁל, בַּמִּשְׁנָה); פֶּרֶק זְמַן; דְּרָשָׁה (בַּצִּבּוּר)	
פְּלַג (רבים: פַּלְגוּ)	חָלַק (עַל); נָתַן חֵלֶק; חִלֵּק; הִבְדִּיל	
פַּלְגָא	חֲצִי	
פְּלוּגְתָּא	מַחֲלֹקֶת; חֲלֻקָּה; חִלּוּק	[347-346]
פְּלַח (ב: פָּלַח)	עָבַד	[347]
פְּלִיג (ב: פְּלִיגָא; רבים: פְּלִיגֵי)	חָלוּק; חוֹלֵק; מֶחְלָק	[347]
פְּלָנְיָא (נ: פְּלַנְיְתָא)	פְּלוֹנִי; מִישֶׁהוּ	
פְּסֵידָא	הֶפְסֵד	
פָּסֵיל ב פועל (בינוני פעול: פְּסִיל)	פּוֹסֵל; קוֹבֵעַ שֶׁפָּסוּל	
פְּסַק (ב: פָּסֵיק)	פָּסַק; חָתַךְ; חִלֵּק; פָּסַק (הֲלָכָה); קָבַע; קָרָא פָּסוּק; גָּמַר	[349]
פְּקַע (ב: פָּקַע)	פָּקַע; נִשְׁבַּר; נֶעֱקַר; נִשְׁחַת; פָּג	
פְּרָט לְ-☆	"הַפְּרָט שֶׁנִּזְכַּר בָּא לְהוֹצִיא (פְּרָט אַחֵר מִן הַכְּלָל)"	
פָּרֵיךְ ב	פּוֹרֵךְ; שׁוֹבֵר; מַקְשֶׁה; סוֹתֵר ↑'פִּירְכָא'	
פָּרֵיק (ב עבר: פְּרַק)	פּוֹדֶה; גּוֹאֵל	[356]
פְּרֵישׁ¹ עבר (ב: מְפָרֵשׁ)	פֵּרֵשׁ; הִסְבִּיר; בֵּאֵר בְּפֵרוּשׁ	
פְּרֵישׁ²	פּוֹרֵשׁ; נִבְדַּל; נִמְנָע (מִלַּעֲשׂוֹת)	
פְּשַׁט (ב: פָּשֵׁיט; ציווי: פְּשׁוֹט)	פָּשַׁט; יִשֵּׁר; אָמַר בִּבְרוּר; בֵּאֵר; הִתְרַחֵב; הֵסִיר (בְּגָדָיו)	[358-357]
פְּשַׁט...	אָפִיק (שֶׁל נָהָר); מוּבָן פָּשׁוּט שֶׁל...	
פְּשִׁיטָא	פְּשׁוּטָה; מוּבֶנֶת מֵאֵלֶיהָ (וְלָכֵן מְיֻתֶּרֶת)	[358]

צ

צְוַוח (ב: צָוַוח)	צָוַח; צָעַק	
צוּרְבָא מֵרַבָּנָן	תַּלְמִיד חָכָם	[361]
צַיֵּית/צָאֵית	מַקְשִׁיב; שׁוֹמֵעַ בְּקוֹל...	[362]
צְלוֹתָא	תְּפִלָּה; תְּפִלַּת הָעֲמִידָה ↑'מְצַלֵּי'	
צַפְרָא	בֹּקֶר	
צְרִיכָא	צְרִיכָה (לְהֵאָמֵר/לְהִכָּתֵב)	[365]

ק

קָא.../קָ-	קִדֹּמֶת לְהַדְגָּשָׁה לִפְנֵי פְּעָלִים בִּזְמַן הוֹוֶה (לְלֹא מַקְבִּילָה בְּעִבְרִית) ↑'קָאָמַר'; 'קָמִיפַלְגֵי'; 'קָמַשְׁמַע'; 'קָתָנֵי'	[366]
קָאֵי/קָאִים ב	קָם; עוֹמֵד; נִשְׁאָר בְּתֹקֶף; מִתְיַחֵס (ל-)	
קָאָמַר/קָא־אָמַר	הוּא אוֹמֵר ↑'הָכִי קָאָמַר'	
(וּ)דְקָארֵי לַהּ מַאי קָארֵי לַהּ?	וּמִי שֶׁעוֹסֵק בָּהּ, לָמָּה עוֹרֵךְ בָּהּ? (=מָה עָלָה עַל דַּעְתּוֹ בַּתְּחִלָּה?)	[57]
קַבֵּיל/קַבֵּל	קִבֵּל; לָקַח; הִסְכִּים	[367]
קְדַם (ב: קָדֵים)	קָדַם; בָּא לְפָנַי; הִקְדִּים (לַעֲשׂוֹת/לְהָבִין)	
קַדְמֵי...	לִפְנֵי...; בִּפְנֵי...; בְּנוֹכְחוּת...	[369]
קוּלָּא (רבים: קוּלֵּי)	קֻלָּה; הֲקָלָה; הַצַּד הַמֵּקֵל בַּדִּין	[369]
קוּשְׁטָא	אֱמֶת	
קוּשְׁיָא	קֻשְׁיָה; הַשָּׂגָה; סְתִירָה	[372]
קְטַל (ב פועל: קָטֵיל; בינוני פעול: קְטִיל)	הָרַג; חָתַךְ; קָצַר	[374-372]
קַטְלָא	הֶרֶג; מִיתַת בֵּית דִּין	
קַיְימָא לַן...	בָּרוּר לָנוּ...; מְקֻבָּל בְּיָדֵנוּ	
קִים לֵיהּ...	בָּרוּר לוֹ...; הוּא יוֹדֵעַ...	
קָם (ב פועל: קָאֵי; בינוני פעול: קִים)	קָם; עָמַד; חָל; נִשְׁאַר בְּתֹקֶף; הִסְכִּים	[378]
קַמָּא (נ: קַמַּיְיתָא)	רִאשׁוֹן	
קַמֵּי; קַמֵּיהּ; קַמַּן	לִפְנֵי; לְפָנָיו; לְפָנֵינוּ ↑'לְקַמֵּיהּ'	
קָמִיפַּלְגֵי	הֵם חֲלוּקִים ↑'בְּמַאי קָמִיפַּלְגֵי'	
קָמַשְׁמַע לַן	הוּא מַשְׁמִיעַ לָנוּ (=מְלַמְּדֵנוּ)	
קָנֵי	קוֹנֶה; מְקַבֵּל	[280]
קְפֵיד	מַקְפִּיד (עַל); מְדַקְדֵּק (ב-)	
קְרָא/קְרֵי (ב: קָרֵי; ציווי: קְרִי)	קָרָא; לָמַד/צִטֵּט מִקְרָא כָּפְּה	
קְרָאָה/קְרָא (רבים: קְרָאֵי)	פָּסוּק (אוֹ קֶטַע כָּלְשֶׁהוּ) מִן הַמִּקְרָא	[382]
קַשְׁיָא (רבים: קַשְׁיָין)	קָשֶׁה; מֻקְשֶׁה ↑'הָא גּוּפָא קַשְׁיָא'	
קָתָנֵי/קָא־תָנֵי	הוּא (הַתַּנָּא) שׁוֹנֶה/מְלַמֵּד ↑'הָכִי קָתָנֵי'; 'מִדְּקָתָנֵי'	

ר

רַב/רַבָּא/רַבָּה¹ (ב: רַבְרָבָא; רבים: רַבְרְבֵי)	גָּדוֹל; חָמוּר	[387]
רַב/רַבָּא/רַבָּה² (רבים: רַבָּנָן)	רַב; מוֹרֶה; אָדוֹן	
רַבּוּתָא	"גְּדֻלָּה"; חִדּוּשׁ; יִתְרוֹן; חֲשִׁיבוּת	
רַבָּנַן	רַבּוֹתֵינוּ ז"ל; הַחֲכָמִים; תַּלְמִידֵי הַיְשִׁיבָה ↑'דְּרַבָּנַן'; 'תְּנוּ רַבָּנַן'	[388]
רְהַט (ב: רָהֵיט)	רָץ; מִהֵר	
רוּבָּא	רֹב; הַחֵלֶק הַגָּדוֹל יוֹתֵר	
רְווחָא/רְוָוחָא	מָקוֹם פָּנוּי; רְוָחָה; רֶוַח	[390]
רוּחָא	רוּחַ; צַד; נְשָׁמָה; חֹלִי	[390]
רַחֲמֵי/רַחֲמִין	רַחֲמִים; בַּקָּשַׁת רַחֲמִים (=תְּפִלָּה)	
רַחֲמָנָא	הָרַחֲמָן (=הקב"ה); הַתּוֹרָה	[392]
רִיבּוּיָא/רִבּוּיָא (רבים: רִיבּוּיֵי)	רִבּוּי (=בִּטּוּי בַּכָּתוּב הַמַּרְחִיב אֶת הַכְּלָל); רַב	
רִיפְתָּא	לֶחֶם; כִּכַּר לֶחֶם	
רֵישׁ גָּלוּתָא	רֹאשׁ הַגּוֹלָה (בְּבָבֶל)	
רֵישָׁא/רֵישׁ...	רֹאשׁ; הַתְּחִלָּה; הַחֵלֶק הָרִאשׁוֹן (בַּמִּשְׁנָה/בַּבָּרַיְיתָא)	[393]
רָמֵי (עבר: רְמָא; ציווי: רְמִי)	זוֹרֵק; מֵטִיל (שְׁנֵי מְקוֹרוֹת זֶה עַל זֶה)	[394]
רְמִיָא בינוני פעול ב	מוּטֶּלֶת (חוֹבָה)	[394]
(וּ)רְמִינְהִי...! (רמי+איתנהו/אינהו)	"וְהַטֵּל אוֹתָן (זוֹ נֶגֶד זוֹ)...!" וְעָמוֹד עַל הַסְּתִירָה שֶׁבֵּין שְׁנֵי הַמְּקוֹרוֹת:	[394]
רַעֲוָא	רָצוֹן	[395]
רְפֵי (ב: רָפְיָא)	רָפוּי; רָפֶה; חַלָּשׁ; אֵינוֹ בָּטוּחַ	[395]
רְתַח (ב: רָתַח)	רָתַח; כָּעַס; הִתְרַגֵּשׁ	

ש

שְׁאֵיל (ב: שָׁאֵיל/שַׁיֵּיל)	שָׁאַל (שְׁאֵלָה); שָׁאַל בִּשְׁלוֹם מִישֶׁהוּ; קִבֵּל חֵפֶץ מֵחֲבֵרוֹ לְשִׁמּוּשׁ זְמַנִּי	[397]
שָׁאנֵי/שָׁנֵי	שׁוֹנֶה (=אֵינוֹ דּוֹמֶה)	
שֶׁאֲנִי אוֹמֵר:☆	שֶׁ(הֲרֵי) אֲנִי מֵנִיחַ:	
שְׁבַק/שְׁבֵיק (ב: שָׁבֵיק; בינוני פעול: שְׁבִיק)	עָזַב; הִנִּיחַ (אַחֲרָיו); הִרְשָׁה; שִׁחְרֵר; סָלַח	
שְׁדָא/שְׁדֵי (ב: שָׁדֵי; ציווי: שְׁדִי)	הִשְׁלִיךְ; הֵטִיל; שָׁפַךְ שָׁם; זָרַע	[402-401]
שַׁדַּר (ב: מְשַׁדַּר)	שָׁלַח (מִישֶׁהוּ/מַשֶּׁהוּ)	
שָׁוֵי (ב: שָׁוְיָא)	שָׁוֶה; נִמְכָּר בְּשָׁוְיוֹ	
שַׁוִּי (ב: מְשַׁוֵּי)	עָשָׂה; הֶחֱשִׁיב; מִנָּה	[403]
שׁוּקָא	שׁוּק; מִסְחָר; רְחָבָה; חוּץ	
שַׁיַּיר (ב: מְשַׁיַּיר)	שִׁיֵּר (מִחוּץ לַכְּלָל); הִשְׁאִיר	
שִׁיתָּא ז; שֵׁית נ	שִׁשָּׁה; שֵׁשׁ	
שִׁיתִּין	שִׁשִּׁים	
שְׁכֵיב (ב: שָׁכֵיב)	שָׁכַב; יָשֵׁן; מֵת; נִפְטָר	
שְׁכִיב מְרַע	"שְׁכוּב חוֹלֶה"; חוֹלֶה אָנוּשׁ	[410]
שְׁכִיחַ (נ: שְׁכִיחָא)	מָצוּי; נִמְצָא; רָגִיל	
שְׁלַח	שָׁלַח (מֶסֶר); הִפְשִׁיט (בֶּגֶד)	[412]
שְׁמֵיהּ (נ: שְׁמַהּ)	"שְׁמוֹ" (הוּא); הוּא נֶחְשָׁב...	
שְׁמַע מִינַּהּ!	"שְׁמַע מִמֶּנָּה"! לְמַד/הַסֵּק מִמֶּנָּה!	
שַׁמָּעֵיהּ	שַׁמָּשׁוֹ; מְשָׁרְתוֹ	
שְׁמַעְתָּא (רבים: שְׁמַעְתָּתָא)	שְׁמוּעָה; הֲלָכָה (מִפִּי אָמוֹרָא); לִמּוּד	[416-415]
שְׁנָא (ב: שָׁנֵי)	נִשְׁתַּנָּה ↑'לָא שְׁנָא'; 'מַאי שְׁנָא'	
שַׁנֵּי (ב: מְשַׁנֵּי)	יִשֵּׁב קֻשְׁיָה; תֵּרֵץ; שִׁנָּה	
שַׁפִּיר	יָפֶה; נָאֶה; טוֹב; הֵיטֵב	
שַׁפִּיר דָּמֵי	נֶחְשָׁב תַּקִּין; מֻתָּר	
שְׁקַל (ב: שָׁקֵיל)	לָקַח; קִבֵּל; הוֹצִיא; הֵסִיר (≠שָׁקַל☆)	
שְׁרָא (ב: שָׁרֵי)	הִתִּיר (קֶשֶׁר/אִסּוּר); פָּתַר; מָחַל; הִתְחִיל; שָׁרָה	[421-422]

ת

תָּא! אתי√	בּוֹא!	
תָּא שְׁמַע: ...!	"בּוֹא (וּ)שְׁמַע!"; לְמַד מִכָּאן הוֹכָחָה:	
תְּבַר (ב: תָּבַר)	שָׁבַר	[427]
תַּבְרָא/תַּבְרָה	סְתִירָה; מַשְׁבֵּר; אָסוֹן; שֶׁבֶר	[427]
תֵּדַע (שֶׁ-☆/דְּ-)	דַּע לְךָ (שֶׁאָכֵן כָּךְ), שֶׁ(הֲרֵי...)!	
תּוּ/תּוּב	שׁוּב; עוֹד	
(וְ)תוּ לָא	וְלֹא עוֹד; וְלֹא יוֹתֵר; הַאִם לֹא יוֹתֵר?!	
(וְ)תוּ לֵיכָּא?!	הַאִם אֵין עוֹד?!	
תּוֹסֶפְתָּא	תּוֹסֶפֶת; קֹבֶץ דִּבְרֵי תַּנָּאִים הַמַּקְבִּילִים לַמִּשְׁנָה וּמוֹסִיפִים עָלֶיהָ	
תּוֹרָא (נ: תּוֹרְתָא)	שׁוֹר	[429]
תּוּתֵי.../תְּחוֹתֵי...	מִתַּחַת...; לְמַטָּה מ-; בִּמְקוֹם...	
תִּיבָּעֵי/תִּבָּעֵי	תִּהְיֶה צְרִיכָה; תִּשָּׁאֵל (הַשְּׁאֵלָה); תִּשָּׁאֵר (הַשְּׁאֵלָה) בְּלֹא הַכְרָעָה	[426]
תֶּיהֱוֵי/תֶּהֱוֵא	תִּהְיֶה; תְּהִי	
תְּיוּבְתָּא	תְּשׁוּבָה; סְתִירָה ↑'אֵיתִיבֵיהּ'	[431]
תִּילְתָּא	שְׁלִישׁ; שְׁלִישִׁי לַבֶּטֶן	
תֵּימָא/תֵּימַר אמר√	תֹּאמַר ↑'אֲפִילּוּ תֵּימָא'	[431]
תִּינַח...	"תִּהְיֶה נוֹחָה"; תִּהְיֶה מוּבֶנֶת/מַתְאִימָה (בְּנִסְבּוֹת...)	
תֵּיפוּךְ	תַּהֲפוֹךְ; תַּחֲלִיף אֶת דִּבְרֵי הַתַּנָּאִים ↑'אֵיפוּךְ'	
תִּיפּוֹק נפק√ לֵיהּ!	"תֵּצֵא לוֹ...!" יִלְמַד אוֹתָהּ (אַחֶרֶת)!	
תֵּיקוּ	תַּעֲמוֹד (=תִּשָּׁאֵר הַשְּׁאֵלָה בְּלֹא הַכְרָעָה)	[432]
תֵּיתֵי אתי√	תָּבוֹא; תִּלָּמֵד ↑'לֵיתֵי'; 'נֵיתֵי'	[432]
תְּלָא/תְּלָה	תָּלָה; קָשַׁר (דָּבָר לְ-); הִנִּיחַ	
תָּלֵי; תְּלֵי (נ: תַּלְיָא)	תּוֹלֶה; תָּלוּי	[433]
תַּלְיָא מִילְּתָא	הַדָּבָר תָּלוּי וּמֻתְנֶה (ב-)	
תַּלְמוּד לוֹמַר:☆	"לִמּוּד (מִן הַכָּתוּב בָּא) לוֹמַר"; הַכָּתוּב מְלַמֵּד:	
תְּלָתָא ז; תְּלָת נ	שְׁלוֹשָׁה; שָׁלוֹשׁ	
תְּלָתִין	שְׁלוֹשִׁים	
תְּמָנְיָא ז; תַּמְנֵי נ	שְׁמוֹנָה; שְׁמוֹנֶה	
תְּנָא/תָּנָא (ב: תָּנֵי; ציווי: תְּנִי!)	"שָׁנָה"; לָמַד/לִמֵּד תּוֹרָה שֶׁבְּעַל פֶּה; עָשָׂה פַּעַם שְׁנִיָּה ↑'קָתָנֵי'	[435]
תַּנָּא (רבים: תַּנָּאֵי)	חָכָם שֶׁדְּבָרָיו שְׁנוּיִים בַּמִּשְׁנָה/בַּבָּרַיְיתָא; חָכָם הַמַּרְצֶה בְּעַל פֶּה מִשְׁנָיוֹת וּבָרַיְיתוֹת בְּבֵית הַמִּדְרָשׁ	[435]
תַּנָּא קַמָּא	הַתַּנָּא הָרִאשׁוֹן (בַּמִּשְׁנָה/בַּבָּרַיְיתָא)	
תַּנָּאֵי הִיא:	מַחֲלֹקֶת תַּנָּאִים הִיא:	[435]
תָּנוּ רַבָּנַן:	שָׁנוּ חֲכָמִים (בַּבָּרַיְיתָא):	
תָּנֵי חֲדָא:	(תַּנָּא) מְלַמֵּד (בָּרַיְיתָא) אַחַת:	[436]
תָּנֵי תַּנָּא קַמֵּיהּ דְּ-	הַתַּנָּא מַרְצֶה (בָּרַיְיתָא) לִפְנֵי (רֹאשׁ הַיְשִׁיבָה):	
תַּנְיָא	שְׁנוּיָה (=בָּרַיְיתָא נִלְמֶדֶת)	[436]
(וְ)תַנְיָא אִידָךְ:	וּשְׁנוּיָה (בָּרַיְיתָא) אַחֶרֶת:	
תַּנְיָא כְּוָותֵיהּ דְּ-	שְׁנוּיָה (בָּרַיְיתָא) כְּמוֹ (אָמוֹרָא)	
תַּנְיָא נַמִי הָכִי:	גַּם (בָּרַיְיתָא) שְׁנוּיָה כָּךְ:	
תְּנֵינָא/תְּנֵינַן	(כְּבָר) שָׁנִינוּ (=לָמַדְנוּ)	[437]
תְּנֵיתוּהָ:	(כְּבָר) שְׁנִיתֶם (=לְמַדְתֶּם) אוֹתָהּ:	[437]
תְּנַן	שָׁנִינוּ (=לָמַדְנוּ בַּמִּשְׁנָה)	[437]
(וְ)תִסְבְּרָא	"וְתִסְבְּרָהּ"?!; הַאִם אַתָּה סוֹבֵר כָּךְ?!	
תִּסְתַּיֵּים	תִּתְבָּרֵר (זֶהוּת הָאוֹמֵר)	[437]
תִּפְשׁוֹט/תִּיפְשׁוֹט	"תִּפְשׁוֹט"; תִּפָּתֵר שְׁאֵלָה (בַּהֲלָכָה)	
תַּקֵּין (רבים: תַּקּוּן)	תִּקֵּן; שִׁפֵּר; קָבַע תַּקָּנָה	[440]
תַּקַּנְתָּא	תַּקָּנָה; תִּקּוּן; תְּרוּפָה	
תַּרְגְּמַהּ/תַּרְגְּמָא	תִּרְגֵּם אוֹתָהּ (מֵעִבְרִית לַאֲרָמִית); פֵּרֵשׁ אוֹתָהּ	[441]
תַּרְוַיְיהוּ	שְׁנֵיהֶם	
תְּרֵי/תְּרֵין; תַּרְתֵּי	שְׁנַיִם; שְׁתַּיִם	
תָּרֵיץ (ב: מְתָרֵץ)	תֵּרֵץ; יִשֵּׁב (קֻשְׁיָה); יִשֵּׁר	

כתב 'רש"י'

א	ב	ג	ד	ה	ו	ז	ח	ט	י	כ	ך	ל	מ	ם	נ	ן	ס	ע	פ	ף	צ	ץ	ק	ר	ש	ת
א	ב	ג	ד	ה	ו	ז	ח	ט	י	כ	ך	ל	מ	ם	נ	ן	ס	ע	פ	ף	צ	ץ	ק	ר	ש	ת

הַפֹּעַל הָאֲרַמִּי בַּתַּלְמוּד הַבַּבְלִי

מַדְרִיךְ לְנִתּוּחַ דִּקְדּוּקִי שֶׁל פֹּעַל אֲרַמִּי

1. כדי לנתח פועַל ארמי המופיע בתלמוד הבבלי (למשל, פְּלִיג) יש להתחקות אחר שלוש אותיות השורש (למשל, שורש פל״ג). כיצד? כמו בעברית, נוכל לזהות את השורש אם נַשווה את הפועַל למִלים שיש להן אותיות דומות ומשמעות קרובה (למשל, פְּלִיג דומה למִלים: פְּלוּג, פְּלוּגְתָּא, פָּלְגִינַן ולִיפְלוֹג). האותיות שמתקיימות בכל "משפחת מִלים" זו - הן (כנראה) אותיות השורש.

2. בעמוד זה מוצגים פעלים נפוצים (עם תרגום עברי) המסודרים לפי השורש, הזמן והבניין שלהם. למשל, בארבעת הטורים של שורש סל״ק מוצגים פעלים בבניינים: קַל (פְּעַל/פְּעֵל, המקביל בעברית ל"פָּעַל/פָּעֵל"), פַּעֵל (המקביל בעברית ל"פִּעֵל"), אַפְעֵל (המקביל ל"הִפְעִיל" העברי), ואִתְפַּעַל (המקביל ל"הִתְפַּעֵל"). שים לב: אחת או שתיים מאותיות השורש עלולות להופיע רק בחלק מנטיות הפועַל, ועל כן הדפסנו אותן בעמוד זה בצבע כחול. לדוגמה: האות נ׳ כשהיא הראשונה מאותיות השורש (כמו בשורש נפ״ק) לרוב נשמטת (כמו בפעלים פּוּק ואַפֵּיק); וכן האות ו׳ כשהיא האמצעית מאותיות השורש (כמו בשורש קו״ם) לרוב נשמטת (כמו בפעלים קָם ואוֹקִים). כיו״ב האותיות א׳, י׳ בתחילת השורש; וכן כשהאות השלישית של השורש היא י׳.

כאשר השורש של הפועַל הנדון אינו מופיע בלוחות הנטייה (כמו השורש נק״ש של הצורה "מַקִּישׁ"), יש לחפש בלוחות שורש אחר שגם בו נמצאת אותה אות שורש "בעייתית" (כמו האות נ׳ בתחילת השורש נק״ש, שיש כדוגמתה בלוחות הנטייה: שורש נפ״ק).

בניינים						
עברית	פָּעַל (קַל)	נִפְעַל	הִפְעִיל	הֻפְעַל	פִּעֵל	הִתְפַּעֵל
ארמית	פְּעַל (קַל)	אִתְפְּעֵל	אַפְעֵל	אִתַּפְעַל	פַּעֵל	אִתְפַּעַל

3. רוב הפעלים בלוחות הנטייה הן ממין זכר, חוץ משבעה פעלים שהם ממין נקבה שהובאו מפאת שכיחותם וחשיבותם, והם סומנו כנקבה באות נ׳, כגון: תַּנְיָא (נ), תֵּיקוּ (נ).

4. רוב צורות הבינוני בלוחות הנטייה הן פעילות, כלומר "בינוני פּוֹעֵל" (כמו מְתִיב); מיעוטן - סבילות, כלומר "בינוני פָּעוּל" (כמו חֲזֵי) או בינוני של בניין אִתְפַּעַל (כמו מִיזְדַּבַּן).

5. כל פועל בעתיד מתחיל באות א-, י-, ת-, נ- (כמו בעברית), וגם באות ל- לנסתר (=הוא), לנסתרים (=הֵם) ולמדברים (=אנו). בנוסף, תחילית נ- משמשת לא רק למדברים (כמו בעברית), אלא גם לנסתר ולנסתרים. לכן "לֵימָא" = "יֹאמַר" או "נֹאמַר", לפי ההקשר.

לפירוט רב יותר של ההטיות בארמית הבבלית, ראו: י׳ פרנק, "דיקא נמי", ירושלים תש״ס.

שורש	אזל	אכל[1]	אכל[2]	אמר[1]	אמר[2]	אתי[1]	אתי[2]	בעי[1]	בעי[2]	גלי[1]	גלי[2]	גלי[3]	הדר
בניין	קַל	קַל	אַפְעֵל	קַל	אִתְפְּעֵל	קַל	אַפְעֵל	קַל	אִתְפַּעַל	קַל	פַּעֵל	אִתְפַּעַל	קַל
עבר	אֲזַל הָלַךְ	אֲכַל אָכַל	אוֹכֵיל הֶאֱכִיל	אֲמַר אָמַר	אִיתְּמַר נֶאֱמַר	אֲתָא בָּא	אַיְיתֵי הֵבִיא	בְּעָא שָׁאַל; הָיָה צָרִיךְ	אִיבְּעֵי הָיָה צָרִיךְ; נִשְׁאַל	גְּלָא גָּלָה	גַּלֵּי גִּלָּה	אִיגַּלֵּי הִתְגַּלָּה	הֲדַר חָזַר
בינוני	אָזֵיל הוֹלֵךְ	אָכֵיל אוֹכֵל	מַאֲכֵיל מַאֲכִיל	אָמַר אוֹמֵר	מִיתְּמַר נֶאֱמָר	אָתֵי בָּא	מַיְיתֵי מֵבִיא	בָּעֵי שׁוֹאֵל; צָרִיךְ	מִיבְּעֵי צָרִיךְ; נִשְׁאָל	גָּלֵי גּוֹלֶה	מְגַלֵּי מְגַלֶּה	מִיגַּלֵּי מִתְגַּלֶּה	הָדַר חוֹזֵר
עתיד	לֵיזִיל יֵלֵךְ	לֵיכוּל יֹאכַל	לוֹכִיל יַאֲכִיל	לֵימָא יֹאמַר	---	לֵיתֵי יָבוֹא	לַיְיתֵי יָבִיא	לִיבְעֵי יִשְׁאַל; יְבַקֵּשׁ; יִצְטָרֵךְ	תִּיבָּעֵי (נ) תִּשָּׁאֵל; תְּהֵא צְרִיכָה	לִיגְלֵי יִגְלֶה	לְגַלֵּי יְגַלֶּה	תִּיגַּלֵּי (נ) תִּתְגַּלֶּה	לֶיהְדַר יַחֲזוֹר
ציווי	זִיל לֵךְ!	אֵיכוּל אֱכוֹל!	---	אֵימָא אֱמוֹר!	---	תָּא בּוֹא!	אַיְיתִי הָבֵא!	בְּעִי שְׁאַל! בַּקֵּשׁ!	---	גְּלִי גְּלֵה!	גַּלִּי גַּלֵּה!	---	הֲדַר חֲזוֹר!
מקור	(לְ)מֵיזַל (לָ)לֶכֶת	(לְ)מֵיכַל (לֶ)אֱכוֹל	לְאוֹכוֹלֵי לְהַאֲכִיל	(לְ)מֵימַר לוֹמַר	---	(לְ)מֵיתֵי (לָ)בוֹא	(לְ)אַתּוֹיֵי (לְ)הָבִיא	(לְ)מִיבְעֵי (לִ)שְׁאוֹל; (לְ)בַקֵּשׁ	אִיבְּעוּיֵי נִשְׁאוֹל	---	(לְ)גַלּוֹיֵי (לְ)גַלּוֹת	(לְ)אִגַּלּוֹיֵי (לְ)הִתְגַּלּוֹת	(לְ)מֶהְדַּר (לַ)חֲזוֹר

שורש	הוי	זבן[1]	זבן[2]	זבן[3]	חזי[1]	חזי[2]	חזי[3]	ידע[1]	ידע[2]	יהב/נתב	יתב[1]	יתב[2]	מות
בניין	קַל	קַל	פַּעֵל	אִתְפַּעַל	קַל	אַפְעֵל	אִתְפַּעַל	קַל	אַפְעֵל	קַל	קַל	אַפְעֵל	קַל
עבר	הֲוָה הָיָה	זְבַן קָנָה	זַבֵּין מָכַר	אִיזְדַּבַּן נִמְכַּר	חֲזָא רָאָה	אַחְזֵי הֶרְאָה	אִית(ְ)חֲזֵי נִרְאָה/הָיָה רָאוּי	יְדַע יָדַע	אוֹדַע הוֹדִיעַ	יְהַב נָתַן	יְתֵיב יָשַׁב	אוֹתֵיב הוֹשִׁיב	מִית מֵת
בינוני	הָוֵי הוֹוֶה	זָבֵין קוֹנֶה	מְזַבֵּין מוֹכֵר	מִיזְדַּבַּן נִמְכָּר	חָזֵי רוֹאֶה חֲזֵי רָאוּי	מַחְזֵי מַרְאֶה	מִית(ְ)חֲזֵי נִרְאֶה/רָאוּי	יָדַע יוֹדֵעַ	מוֹדַע מוֹדִיעַ	יָהֵיב נוֹתֵן	יָתֵיב יוֹשֵׁב	מוֹתֵיב מוֹשִׁיב	מָיֵית מֵת
עתיד	לֶהֱוֵי/נֶהֱוֵי יִהְיֶה	לִיזְבֵּין יִקְנֶה	לִיזַבֵּין יִמְכּוֹר	נִיזְדַּבַּן יִמָּכֵר	לֶיחֱזֵי יִרְאֶה	לַחְזֵי יַרְאֶה	לִיתְחֲזֵי יֵרָאֶה	לִידַע יֵדַע	לוֹדַע יוֹדִיעַ	לִיתֵּיב יִתֵּן	לֵיתֵיב יֵשֵׁב	לוֹתֵיב יוֹשִׁיב	לֵימוּת יָמוּת
ציווי	הֱוֵי הֱיֵה!	זְבוֹן/זְבִין קְנֵה!	זַבֵּין מְכוֹר!	אִזְדַּבַּן הִמָּכֵר!	חֲזִי רְאֵה!	אַחְזִי הַרְאֵה!	אִיתְחֲזִי הֵרָאֵה!	---	---	הַב תֵּן!	תִּיב שֵׁב!	אוֹתִיב הוֹשֵׁב!	---
מקור	(לְ)מֶהֱוֵי (לִ)הְיוֹת	(לְ)מִיזְבַּן (לִ)קְנוֹת	(לְ)זַבּוֹנֵי (לִ)מְכּוֹר	אִיזְדַּבּוֹנֵי הִמָּכֵר	(לְ)מֶחֱזֵי (לִ)רְאוֹת	---	(לְ)אִיתְחֲזוֹיֵי (לְ)הֵרָאוֹת	(לְ)מֵידַע (לָ)דַעַת	(לְ)אוֹדוֹעֵי (לְ)הוֹדִיעַ	(לְ)מֵיתַב (לָ)תֵת	(לְ)מֵיתַב (לָ)שֶׁבֶת	(לְ)אוֹתוֹבֵי (לְ)הוֹשִׁיב	(לְ)מֵימַת (לָ)מוּת

שורש	נוח[1]	נוח[2]	נחת[1]	נחת[2]	נפק[1]	נפק[2]	סלק[1]	סלק[2]	סלק[3]	סלק[4]	עבד[1]	עבד[2]	עבד[3]	עבד[4]
בניין	קַל	אַפְעֵל	קַל	אַפְעֵל	קַל	אַפְעֵל	קַל	פַּעֵל	אַפְעֵל	אִתְפַּעַל	קַל	אִתְפְּעֵל	שַׁפְעֵל	אִשְׁתַּפְעַל
עבר	נָח נָח	אַנַּח הִנִּיחַ	נְחַת יָרַד	אַחֵית הוֹרִיד	נְפַק יָצָא	אַפֵּיק הוֹצִיא	סְלֵיק עָלָה	סַלֵּיק סִלֵּק	אַסֵּיק הֶעֱלָה	אִיסְתַּלַּק הִסְתַּלֵּק	עֲבַד עָשָׂה	אִיתְעֲבִיד נַעֲשָׂה	שַׁעְבֵּיד שִׁעְבֵּד	אִישְׁתַּעְבַּד הִשְׁתַּעְבֵּד
בינוני	נִיחָא (נ) נוֹחָה	מַנַּח מַנִּיחַ	נָחֵית יוֹרֵד	מַחֵית מוֹרִיד	נָפֵיק יוֹצֵא	מַפֵּיק מוֹצִיא	סָלֵיק עוֹלֶה	מְסַלֵּק מְסַלֵּק	מַסֵּיק מַעֲלֶה	מִסְתַּלַּק מִסְתַּלֵּק	עָבֵיד עוֹשֶׂה	מִיתְעֲבִיד נַעֲשֶׂה	מְשַׁעְבֵּיד מְשַׁעְבֵּד	מִשְׁתַּעְבַּד מִשְׁתַּעְבֵּד
עתיד	תֵּינַח (נ) תָּנוּחַ	לִינַּח/נַנַּח יַנִּיחַ	לִינְחוֹת יֵרֵד	נַחֵית יוֹרִיד	לִיפּוֹק יֵצֵא	לַפֵּיק יוֹצִיא	לִיסַּק יַעֲלֶה	לְסַלֵּק יְסַלֵּק	לַסֵּיק יַעֲלֶה	לִסְתַּלַּק יִסְתַּלֵּק	לֶיעֱבֵיד יַעֲשֶׂה	לִיתְעֲבִיד יֵעָשֶׂה	---	לִשְׁתַּעְבֵּיד יִשְׁתַּעְבֵּד
ציווי	---	אַנַּח הַנַּח!	נְחֵית רֵד!	אַחֵית הוֹרֵד!	פּוּק צֵא!	אַפֵּיק הוֹצֵא!	סַק עֲלֵה!	סַלֵּיק סַלֵּק!	אַסֵּיק הַעֲלֵה!	אִיסְתַּלַּק הִסְתַּלֵּק!	עֲבֵיד עֲשֵׂה!	---	---	---
מקור	(לְ)מֵינַח (לָ)נוּחַ	(לְ)אַנּוֹחֵי (לְ)הָנִיחַ	(לְ)מֵיחַת (לָ)רֶדֶת	(לְ)אַחוֹתֵי (לְ)הוֹרִיד	(לְ)מִיפַּק (לָ)צֵאת	(לְ)אַפּוֹקֵי (לְ)הוֹצִיא	(לְ)מִיסַּק (לַ)עֲלוֹת	(לְ)סַלּוֹקֵי (לְ)סַלֵּק	(לְ)אַסּוֹקֵי (לְ)הַעֲלוֹת	(לְ)אִסְתַּלּוֹקֵי (לְ)הִסְתַּלֵּק	(לְ)מֵיעֲבַד (לַ)עֲשׂוֹת	---	(לְ)שַׁעְבּוֹדֵי (לְ)שַׁעְבֵּד	אִשְׁתַּעְבּוֹדֵי הִשְׁתַּעְבֵּד

שורש	עלל[1]	עלל[2]	פלג[1]	פלג[2]	קום[1]	קום[2]	קום[3]	שאל	תוב	תני[1]	תני[2]
בניין	קַל	פַּעֵל	קַל	אִתְפְּעֵל	קַל	פַּעֵל	אַפְעֵל	קַל	אַפְעֵל	קַל	אַפְעֵל
עבר	עָל נִכְנַס	עַיֵּיל הִכְנִיס	פְּלַג חָלַק	אִיפְּלִיג נֶחְלַק	קָם עָמַד; קָם	קַיֵּים קִיֵּם	אוֹקִי הֶעֱמִיד	שְׁאֵיל שָׁאַל	אֵיתִיב/אוֹתִיב הִקְשָׁה	תְּנָא שָׁנָה; לָמַד	אַתְנִי לִמֵּד; הִתְנָה
בינוני	עָיֵיל נִכְנָס	מְעַיֵּיל מַכְנִיס	פָּלֵיג חוֹלֵק פְּלִיג חָלוּק	מִיפַּלְגִי (רבים) חֲלוּקִים	קָאֵים עוֹמֵד קָיְימָא (נ) עוֹמֶדֶת	מְקַיֵּים מְקַיֵּם	מוֹקִי(ם) מַעֲמִיד	שָׁאֵיל שׁוֹאֵל	מְתִיב/מוֹתִיב מַקְשֶׁה	תָּנֵי שׁוֹנֶה תַּנְיָא (נ) שְׁנוּיָה	מַתְנֵי מְלַמֵּד; מַתְנֶה
עתיד	לֵיעוּל יִכָּנֵס	לִיעַיֵּיל יַכְנִיס	לִיפְלוֹג יַחְלוֹק; יְחַלֵּק	---	לֵיקוּם יַעֲמוֹד תֵּיקוּ (נ) תַּעֲמוֹד	לְקַיֵּים יְקַיֵּם	לוֹקִי(ם) יַעֲמִיד	לִשְׁאוֹל יִשְׁאַל	לוֹתִיב יַקְשֶׁה	לִיתְנֵי יִשְׁנֶה	לַתְנֵי יְלַמֵּד; יַתְנֶה
ציווי	עוֹל הִכָּנֵס!	עַיֵּיל הַכְנֵס!	פְּלוֹג חֲלוֹק!	---	קוּם עֲמוֹד! קוּם!	קַיֵּים קַיֵּם!	אוֹקִי הַעֲמֵד!	שְׁאוֹל שְׁאַל!	אוֹתִיב הַקְשֵׁה!	תְּנִי שְׁנֵה! לְמַד!	אַתְנִי לַמֵּד! הַתְנֵה!
מקור	(לְ)מֵיעַל (לְ)הִכָּנֵס	(לְ)עַיּוֹלֵי (לְ)הַכְנִיס	(לְ)מִיפְלַג (לַ)חֲלוֹק	(לְ)אִפְּלוֹגֵי (לַ)חֲלוֹק	(לְ)מֵיקַם (לַ)עֲמוֹד	(לְ)קַיּוֹמֵי (לְ)קַיֵּם	(לְ)אוֹקוֹמֵי (לְ)הַעֲמִיד	(לְ)מִשְׁאַל (לִ)שְׁאוֹל	(לְ)אוֹתוֹבֵי (לְ)הַקְשׁוֹת	(לְ)מִיתְנֵי (לִ)שְׁנוֹת	(לְ)אַתְנוֹיֵי (לְ)לַמֵּד; (לְ)הַתְנוֹת

תַּנָּאִים וְאָמוֹרָאִים

מַדְרִיךְ לַלּוֹמְדִים

בלוח זה ערוכים הכמינו ז״ל היותר מפורסמים לפי תקופתם ולפי דורותיהם, ושמותיהם צבועים לפי הארץ שבה פעלו: שמות חכמי ארץ ישראל נצבעו בצבע כחול; חכמי בבל בצבע אדום, ואלה שהיו פעילים בשתי הארצות נצבעו בשחור.

כדי לאתר חכם מסוים בלוח, ניתן להיעזר במפתח האלפביתי, ולמצוא שם את תקופתו (ז=זוגות; ת=תנאים; א=אמוראים), ואת מספר דורו. לדוגמא: ״ת5״ (ליד שמו של ר׳ מאיר) מציין דור חמישי של התנאים. ליד שמות הנשיאים מופיע כתר (למשל, ♛ רבן גמליאל).

מַפְתֵּחַ אָלֶפְבֵּיתִי (ללא תארים)

מַפְתֵּחַ אָלֶפְבֵּיתִי	דּוֹר
אבא	א3
אבא שאול	ת3
אבהו	א3
אבטליון	ז4
אביי (״נחמני״)	א4
אושעיא/הושעיא (א)	ת7
אושעיא/הושעיא (ב)	א3
אידי בר אבין	א7
איסי בן יהודה	ת6
אליעזר (בן הורקנוס)	ת3
אליעזר בן יעקב (א; ב)	ת2; ת4
אלְעָזר בן עזריה	ת4
אלְעָזר בן ערך	ת3
אלְעָזר (בן פדת)	א2
אלְעָזר בן רשב״י	ת6
אלְעָזר (בן שמוע)	ת5
אמי	א3
אמימר	א6
אסי (א)	א1
אסי (ב)	א3
אשי	א6
בר קפרא	ת7
גמליאל (הזקן)	ת1
גמליאל (ב) (דיבנה)	ת3
גמליאל (ג) בן רבי	ת7
גמליאל (ד)	א3
גמליאל (ה)	א5
גמליאל (ו)	א6
דוסא בן הרכינס	ת2
דימי	א3
הונא	א2
הונא ב״ר יהושע	א5
הלל הזקן	ז5
הלל (קובע הלוח)	א4
זביד	א5
זוטרא	א6
זירא	א3
חייא	ת7
חייא בר אבא	א3
חנינא בן דוסא	ת2
חנינא בר חמא	ת7
חנינא סגן הכהנים	ת1
חסדא	א3
טרפון	ת4
יהודה בן בבא	ת3
יהודה בן בתירא (א)	ז5
יהודה בן בתירא (ב)	ת3
יהודה בן טבאי	ז3
יהודה (ב״ר אלעאי)	ת5
יהודה (בר יחזקאל)	א2
יהודה הנשיא (״רֶבִּי״)	ת6
יהודה נשיאה (א)	א1
יהודה נשיאה (ב)	א4
יהודה נשיאה (ג)	א5
יהושע (בן חנניה)	ת3
יהושע בן לוי	א1
יהושע בן פרחיה	ז2
יוחנן	א2
יוחנן בן זכאי	ת2
יוחנן בן נורי	ת4
יונתן בן עוזיאל	ת1
יוסי (בן חלפתא)	ת5
יוסי בן יוחנן (איש ירושלם)	ז1
יוסי בן יועזר (איש צרדה)	ז1
יוסי ב״ר יהודה	ת6
יוסי הגלילי	ת4
יוסף	א3
ינאי	א1
ירמיה	א4
ישמעאל (בן אלישע)	ת4
ישמעאל ב״ר יוסי	ת6
כהנא (א; ב)	א1; א2
לוי (בן סיסי)	ת7
מאיר	ת5
מר בר רב אשי	א7
מרימר	א7
נחמיה	ת5
נחמן (בר יעקב)	א3
נחמן בר יצחק	א4
נתאי הארבלי	ז2
נתן	ת5
סומכוס	ת6
עולא	א3
עוקבא	א1
עקיבא (בן יוסף)	ת4
עקביא בן מהללאל	ת1
פנחס בן יאיר	ת6
פפא	א5
צדוק	ת2
רב (=אבא אריכא)	א1
רבא (ב״ר יוסף)	א4
רבּה (בר נחמני)	א3
רבה בר בר חנה	א3
רבין	א3
רבינא (א; ב)	א6; א7
ריש לקיש (=שמעון בן לקיש)	א2
רמי בר חמא	א4
שמאי הזקן	ז5
שמואל	א1
שמואל בר נחמני	א3
שמואל הקטן	ת2
שמעון בן גמליאל (א)	ת2
שמעון בן גמליאל (ב)	ת5
שמעון (בן הלל)	ת1
שמעון בן רבי	ת7
שמעון (בן יוחאי)	ת5
שמעון בן שטח	ז3
שמעיה	ז4
ששת	א3
תנחומא	א5

לוּחַ הַחֲכָמִים ז״ל

תקופה	דּוֹר	לוּחַ הַחֲכָמִים ז״ל
זוגות ליצירה 3750–3500	ז1	♛ יוסי בן יועזר (איש צרדה) · יוסי בן יוחנן (איש ירושלם)
	ז2	♛ יהושע בן פרחיה · נתאי הארבלי
	ז3	♛ יהודה בן טבאי · ♛ שמעון בן שטח
	ז4	♛ שמעיה · אבטליון
	ז5	♛ הלל הזקן · שמאי הזקן · ר׳ יהודה בן בתירא (א)
תנאים ליצירה 4000–3750	ת1	♛ (רבן) שמעון (בן הלל) · ♛ רבן גמליאל (הזקן) · עקביא בן מהללאל · ר׳ חנינא סגן הכהנים · יונתן בן עוזיאל
	ת2	♛ רבן שמעון בן גמליאל (א) · ♛ רבן יוחנן בן זכאי · ר׳ צדוק · ר׳ חנינא בן דוסא · ר׳ דוסא בן הרכינס · שמואל הקטן · ר׳ אליעזר בן יעקב (א)
	ת3	♛ רבן גמליאל (ב) (דיבנה) · אבא שאול · ר׳ יהודה בן בבא · ר׳ אלְעָזר בן ערך · ר׳ יהושע (בן חנניה) · ר׳ אליעזר (בן הורקנוס) · ר׳ יהודה בן בתירא (ב)
	ת4	♛ ר׳ אלְעָזר בן עזריה · ר׳ יוחנן בן נורי · ר׳ יוסי הגלילי · ר׳ עקיבא (בן יוסף) · ר׳ ישמעאל (בן אלישע) · ר׳ טרפון · ר׳ אליעזר בן יעקב (ב)
	ת5	♛ רבן שמעון בן גמליאל (ב) · ר׳ נתן · ר׳ אלְעָזר (בן שמוע) · ר׳ יוסי (בן חלפתא) · ר׳ נחמיה · ר׳ שמעון (בן יוחאי) · ר׳ יהודה (ב״ר אלעאי) · ר׳ מאיר
	ת6	♛ ר׳ יהודה הנשיא (״רֶבִּי״) · ר׳ פנחס בן יאיר · ר׳ ישמעאל ב״ר יוסי · איסי בן יהודה · ר׳ אלְעָזר בן רשב״י · ר׳ יוסי ב״ר יהודה · סומכוס
	ת7	♛ רבן גמליאל (ג) בן רבי · ר׳ שמעון בן רבי · בר קפרא · ר׳ אושעיא/הושעיא (א) · ר׳ חנינא בר חמא · לוי (בן סיסי) · ר׳ חייא (ובניו: יהודה וחזקיה)
אמוראים ליצירה 4200–4000	א1	♛ ר׳ יהודה נשיאה (א) · ר׳ יהושע בן לוי · ר׳ ינאי · רב כהנא (א) · רב אסי (א) · רב (=אבא אריכא) · שמואל · מר עוקבא
	א2	ר׳ יוחנן · ריש לקיש (=ר׳ שמעון בן לקיש) · ר׳ אלְעָזר (בן פדת) · רב כהנא (ב) · רב יהודה (בר יחזקאל) · רב הונא
	א3	ר׳ אמי · ר׳ אסי (ב) · ר׳ חייא בר אבא · עולא · רבה בר בר חנה · רב אושעיא/הושעיא (ב) · רב חסדא · רבּה (בר נחמני) · רב יוסף ♛ רבן גמליאל (ד) · רבי שמואל בר נחמני · ר׳ אבהו · ר׳ זירא · ר׳ אבא · רב דימי · רבין · רב ששת · רב נחמן (בר יעקב)
	א4	♛ ר׳ יהודה נשיאה (ב) · ♛ הלל (קובע הלוח) · ר׳ ירמיה · רב נחמן בר יצחק · אביי (״נחמני״) · רבא (ב״ר יוסף) · רמי בר חמא
	א5	♛ רבן גמליאל (ה) · ♛ ר׳ יהודה נשיאה (ג) · ר׳ תנחומא · רב זביד · רב פפא · רב הונא ב״ר יהושע
	א6	♛ רבן גמליאל (ו) · אמימר · רבינא (א) · רב אשי · מר זוטרא
	א7	מרימר · רבינא (ב) · מר בר רב אשי · רב אידי בר אבין

מִדּוֹת וְשִׁעוּרִים

מַדְרִיךְ לַלּוֹמְדִים

בנושא המידות רַבּוּ הדעות. אע״פ שאין אנו מוסמכים להכריע ביניהן להלכה, לצורכי לימוד בחרנו בספרו של הרב הדר יהודה מרגולין, ״הידורי המידות״, ירושלים תשע״ו. אנו מודים לו על עזרתו האדיבה. לדעות נוספות ולהרחבה (למשל, בשיעור כַּזַּיִת), ראה בפורטל הדף היומי: daf-yomi.com/midot

בטבלת ״נֶפַח״ סודרו לפי אל״ף-בי״ת מידות של נוזל (לוג ורביעית) ושל מוצק (כל השאר).

בטבלת ״זְמַן״ מובאים הזמנים לפי קצב האכילה וההליכה של אדם ממוצע.

נֶפַח	
אֵיפָה (=18 קַבִּים)	21600 סמ״ק
כַּבֵּיצָה	50 סמ״ק
כַּגְּרוֹגֶרֶת (=⅓ בֵּיצָה)	16.66 סמ״ק
כַּזַּיִת (גודל של זית)	5 סמ״ק
כּוֹר (=30 סְאָה)	0.216 מ״ק
לוֹג (=6 בֵּיצִים)	300 מ״ל
סְאָה (=6 קַבִּים)	7200 סמ״ק
עֹמֶר/עִשָּׂרוֹן (=1/10 אֵיפָה)	2160 סמ״ק
פְּרָס (=4 בֵּיצִים) לפי רש״י	200 סמ״ק
פְּרָס (=3 בֵּיצִים) לפי רמב״ם	150 סמ״ק
קַב (=24 בֵּיצִים)	1200 סמ״ק
רְבִיעִית (¼ לוֹג= 1½ בֵּיצִים)	75 מ״ל

שֶׁטַח	
אַמָּה עַל אַמָּה	2079 סמ״ר
בֵּית כּוֹר (=30 x בֵּית סְאָה)	15,595 מ״ר
בֵּית סְאָה (=24 x בֵּית רוֹבַע)	520 מ״ר
בֵּית רוֹבַע (הַקַּב)	21.65 מ״ר
כַּגְּרִיס=עִגּוּל בְּקֹטֶר:	16.5 מ״מ

יַחַס בֵּין מַטְבְּעוֹת	
אִיסָּר	=8 פְּרוּטוֹת
דִּינַר זָהָב	=25 דִּינְרֵי כֶּסֶף
דִּינַר כֶּסֶף	=192 פְּרוּטוֹת
מָנֶה	=100 דִּינְרֵי כֶּסֶף
סֶלַע	=4 דִּינְרֵי כֶּסֶף
פְּרוּטָה	המטבע הזול ביותר
שֶׁקֶל	=2 דִּינְרֵי כֶּסֶף

אֹרֶךְ	
אַמָּה (=6 טְפָחִים)	45.6 ס״מ
אֶצְבַּע	1.9 ס״מ
זֶרֶת (=3 טְפָחִים)	22.8 ס״מ
טֶפַח (=4 אֶצְבָּעוֹת)	7.6 ס״מ
מִיל (=2000 אַמָּה)	912 מטר
פַּרְסָה (=4 מִילִין)	3.648 ק״מ
רִיס (=266.6 אַמָּה)	121.57 מטר

זְמַן	
בִּכְדֵי אֲכִילַת פְּרָס לפי רמב״ם	3 דַּקּוֹת
בִּכְדֵי אֲכִילַת פְּרָס לפי רש״י	4 דַּקּוֹת
מַהֲלַךְ מִיל	18 דַּקּוֹת
מַהֲלַךְ פַּרְסָה	72 דַּקּוֹת
מַהֲלַךְ 10 פַּרְסָאוֹת	יוֹם אֶחָד

רָאשֵׁי תֵּבוֹת וְקִצּוּרִים

מַדְרִיךְ לַלּוֹמְדִים

1. ראשי התיבות והקיצורים רשומים לפי סדר האל"ף בי"ת, בדרך כלל בלי אות השימוש (התחיליות: א, ב, ד, ו, כ, ל, מ או שֶ). למשל, **ומ"מ, בחוש"מ**, וכן **ור'** - מופיעים ללא אות השימוש: **מ"מ, חוש"מ, ר'** (אבל **אע"ז, וכ"ת** וכן **דאמרי'** - מופיעים עם אות השימוש). שימו לב להפניות: ↓=עַיֵּן עֶרְכּוֹ לְמַטָּה ↑=עַיֵּן עֶרְכּוֹ לְמַעְלָה.
2. קיצורי מספרים לא נכללו ברשימה. את הערך הגִּימַטְרִי של כל אות ניתן לראות כאן:

א	ב	ג	ד	ה	ו	ז	ח	ט	י	כ	ל	מ	נ	ס	ע	פ	צ	ק	ר	ש	ת
1	2	3	4	5	6	7	8	9	10	20	30	40	50	60	70	80	90	100	200	300	400

לכן, ראשי התיבות **כ"ג** יכולים להתפרש: כֹּהֵן גָּדוֹל (כמופיע ברשימה שלמטה), אך לפעמים פיענוחם הוא המספר 23.

3. חלק מן הפירושים נצבעו כאן **בכחול** כדי להפנות את הלומד אל הערכים המקבילים ב"אוֹצַר הַמִּלִּים וְהַמֻּנָּחִים" בכרטיס זה. למשל: הפירוש (הראשון) של א"א[1] מפנה לערך "**אִי אֶפְשָׁר**", חלק מן הפירוש של אפ"ה (=אֲפִילּוּ **הָכִי**) מפנה לערך "**הָכִי**", והמלים המפענחות את ראשי התיבות א"ק מפנות לערך "**אֲמַר**" ולערך "**קְרָא**".

א

א'	1
א"א[1]	אִי אֶפְשָׁר
א"א[2]	אִי אָמְרַתְּ
אא"ב	אִי אָמְרַתְּ בִּשְׁלָמָא
אא"כ	אֶלָּא אִם כֵּן
א"ב[1]	(האותיות) א, ב
א"ב[2]	אִיכָּא בֵּינַיְיהוּ
אב"ג	(האותיות) א, ב, ג
אב[ע]"א	אִיבָּעֵית אֵימָא
א"ד[1]	אִיכָּא דְּאָמְרִי
א"ד[2]	אוֹ דִּלְמָא
אדר'	אַדְּרַבִּי...
א"ה	אִי הָכִי
אה"נ	אִין הָכִי נַמִּי
אח"כ	אַחַר כָּךְ
אח"ס	(האותיות) א, ח, ס
א"י	אֶרֶץ יִשְׂרָאֵל
איב[ע]"א	אִיבָּעֵית אֵימָא
א"כ	אִם כֵּן
אכ"ע	אַכּוּלֵּי עָלְמָא
א"ל[1]	אָמַר לוֹ
א"ל[2]	אֲמַר/אָמַר לֵיהּ
אל"ף	(האות) א
אמ"ה	"אֱ-לֹהֵינוּ, מֶלֶךְ הָעוֹלָם"
אמרי'	אָמְרִינַן
אמתני'	אַמַּתְנִיתִין
א"נ	אִי נַמִּי
אע"ג	אַף עַל גַּב (ד-)
אע"ז	אֲעֲבוֹדָה זָרָה
אעפ[י]"[כ]	אַף עַל פִּי [כֵן]
אפ"ה	אֲפִילּוּ הָכִי
אפי'	אֲפִילּוּ
א"צ	אֵין/אֵינוֹ צָרִיךְ
א"ק	אֲמַר קְרָא
אקב"ו	"אֲשֶׁר קִדְּשָׁנוּ בְּמִצְוֹתָיו וְצִוָּנוּ"
א"ר	אָמַר/אֲמַר רַב/רַבִּי.../רֶבִּי
א"ת[1]	אִם תֹּאמַר
א"ת[2]	(האותיות) א, ת
את"ל	אִם תִּמְצֵא לוֹמַר

ב

ב"א	בְּנֵי אָדָם
בא"י[1]	בְּאֶרֶץ יִשְׂרָאֵל
בא"י[2]	"בָּרוּךְ אַתָּה הַשֵּׁם"
בג[ז]"ש	בִּגְזֵרָה שָׁוָה
ב"ד	בֵּית דִּין
בד"א	בַּמֶּה דְּבָרִים אֲמוּרִים
ב"ה[1]	בֵּית הַכְּנֶסֶת
ב"ה[2]	בָּרוּךְ הוּא
ב"ה[3]	בֵּית הִלֵּל
בה"א	ב"ה[3] אוֹמְרִים
בה"ב	(הַיָּמִים) שֵׁנִי, חֲמִישִׁי, וְשֵׁנִי
בהכ"נ	בֵּית הַכְּנֶסֶת
בהכ"ס	בֵּית הַכִּסֵּא
בהמ"ד	בֵּית הַמִּדְרָשׁ
בהמ"ז	בִּרְכַּת הַמָּזוֹן
בהמ"ק	בֵּית הַמִּקְדָּשׁ
ב"ו	בָּשָׂר וָדָם
בזה"ז	בַּזְּמַן הַזֶּה
ב"ח[1]	בַּעֲלֵי חַיִּים
ב"ח[2]	בַּעַל חוֹב
בי'	בֵּיהּ
ביה"כ	בְּיוֹם הַכִּפּוּרִים
ביהכ"נ	בֵּית הַכְּנֶסֶת
ביהכ"ס	בֵּית הַכִּסֵּא
ביה"ש	בֵּין הַשְּׁמָשׁוֹת
בי[ו]"ט	בְּיוֹם טוֹב
בי"ת	(האות) ב
בכ"מ	בְּכָל מָקוֹם
ב"ל	בֶּן לֵוִי/לָקִישׁ
במד"א	בַּמֶּה דְּבָרִים אֲמוּרִים
במ"מ	"בּוֹרֵא מִינֵי מְזוֹנוֹת"
בנ"א	בְּנֵי אָדָם
בנ"ט	בְּנוֹתֵן טַעַם
ב"ע	בֶּן עֲזַרְיָה
בעה"ב	בַּעַל הַבַּיִת
בע"ח	בַּעַל חוֹב
בע"כ	בְּעַל כָּרְחֵיהּ/כָּרְחָהּ
ב"פ[1]	בּוֹרֵא פְּרִי
ב"פ[2]	שְׁתֵּי פְּעָמִים
בפה"א	"בּוֹרֵא פְּרִי הָאֲדָמָה"
בפה"ג	"בּוֹרֵא פְּרִי הַגָּפֶן/הַגֶּפֶן"
בפה"ע	"בּוֹרֵא פְּרִי הָעֵץ"
בפו"ר	בִּפְרִיָּה וּרְבִיָּה
בפ"נ	בִּפְנֵי נִכְתַּב
ובפ"נ	וּבִפְנֵי נֶחְתַּם
ב"ק	בַּת קוֹל
ב"ר	בֶּן רַב/רַבִּי.../רֶבִּי
בר'	בְּרַבִּי...
ברי'	בְּרֵיהּ
ב"ש	בֵּית שַׁמַּאי
בש"א	ב"ש אוֹמְרִים
בשה"ש	בְּשִׁיר הַשִּׁירִים
בשכ"מ	בִּשְׁכִיב מְרַע

ג

ג[ז]"ש	גְּזֵרָה שָׁוָה
ג"ט	שְׁלֹשָׁה טְפָחִים
גימ"ל	(האות) ג
גמ'	גְּמָרָא
ג"ע	גַּן עֵדֶן
ג"פ	שָׁלֹשׁ פְּעָמִים

ד

דא"א	דְּאִי אֶפְשָׁר
דא"י	דְּאֶרֶץ יִשְׂרָאֵל
דא"כ	דְּאִם כֵּן
דא"ל	דַּאֲמַר לֵיהּ
דאמרי'	דְּאָמְרִינַן
דא"נ	דְּאִי נַמִּי
דאע"ג	דְּאַף עַל גַּב
דאע"פ	דְּאַף עַל פִּי
דאפי'	דַּאֲפִילּוּ
דא"ק	דַּאֲמַר קְרָא
דא"ר...	↑א"ר...
ד[ב]ב"ד	דִּ[בְ]בֵית דִּין
דב"ה	דְּבֵית הִלֵּל
דבמ"מ	↑במ"מ
דבע"ה[ב]	דְּבַעַל הַבַּיִת
דבע"ח	דְּבַעַל חוֹב
דב"ש	דְּבֵית שַׁמַּאי
ד"ה	דִּבְרֵי הַכֹּל
דה[ו]"ל	דַּהֲוָה לֵיהּ
דהקב"ה	↓הקב"ה
די[ו]ה"כ	↓יוה"כ
די"ט	דְּיוֹם טוֹב
דכ"ג	דְּכֹהֵן גָּדוֹל
דכה"ג	דְּכִי הַאי גַּוְונָא
דכ"ע	דְּכוּלֵּי עָלְמָא
דכר"מ	דִּכְרַבִּי מֵאִיר
דלב"ש	דִּלְבֵית שַׁמַּאי
דלכ"ע	↓כ"ע
דלר"מ	דִּלְרַבִּי מֵאִיר
דלר"ש	דִּלְרַבִּי שִׁמְעוֹן
דל"ת	(האות) ד
דמ"ד	דְּמַאן דְּאָמַר
דמ"ס	דְּמָר סָבַר
דמ"ע	דְּמִצְוַת עֲשֵׂה
דמתני'	דְּמַתְנִיתִין
דס"ד[א]	↓ס"ד[א]
דע"ז	דַּעֲבוֹדָה זָרָה
דע"י	דְּעַל יְדֵי
דעכו"ם	↓עכו"ם
דקא"ל	דְּקָאָמַר לֵיהּ
דק"ו	דְּקַל וָחוֹמֶר
דק[ו]ב"ה	↓קוב"ה
דקי"ל	דְּקַיְימָא לַן
דר'...	דְּרַב/דְּרַבִּי.../דְּרֶבִּי
דר"א	↓ר"א
דר"ה[1]	דְּרֹאשׁ הַשָּׁנָה
דר"ה[2]	דְּרַב הוּנָא
דר"ח[1]	דְּרֹאשׁ חֹדֶשׁ
דר"ח[2]	דְּרַבִּי חֲנִינָא
דשלב"ל	דָּבָר שֶׁלֹּא בָּא לָעוֹלָם
ד"ת	דִּבְרֵי תּוֹרָה
דת"ק	דְּתַנָּא קַמָּא
דת"ר	דְּתָנוּ רַבָּנַן

ה

ה'	הַשֵּׁם (יִתְבָּרַךְ)
ה"א[1]/ה"י	(האות) ה
ה"א[2]	הֲוָה אַמִינָא
הא"ר	הָא אֲמַר רַבִּי.../רַב...
הב"ע	הָכָא בְּמַאי עָסְקִינַן
ס"ג (ברש"י)	הָכִי גָּרְסִינַן
ה"ד	הֵיכִי דָּמֵי
ה"ה	הוּא הַדִּין
הו"א	הֲוָה אַמִינָא
ה[ו]"ל	הֲוָה לֵיהּ
ה"ז	הֲרֵי זֶה
ה"ט	הַיְינוּ טַעְמָא
הל"מ	הֲלָכָה לְמֹשֶׁה מִסִּינַי
ה"מ	הָנֵי מִילֵּי
ה"ם	(הסיומת) "הֶם"
המע"ה	הַמּוֹצִיא מֵחֲבֵרוֹ עָלָיו הָרְאָיָה
ה"נ[1]	הָכָא נַמִּי
ה"נ[2]	הָכִי נַמִּי
הנ"מ	הָנֵי מִילֵּי
העוה"ב	הָעוֹלָם הַבָּא
העוה"ז	הָעוֹלָם הַזֶּה
העכו"ם	↓עכו"ם
ה"ק[1]	הָכִי קָאָמַר
ה"ק[2]	הָכִי קָתָנֵי
הקב"ה	הַקָּדוֹשׁ בָּרוּךְ הוּא
הש"ס	הַשִּׁשָּׁה סְדָרִים =הַתַּלְמוּד

ו

וגו'	וְגוֹמֵר
והכתי'	וְהָכְתִיב
וי"ו/וא"ו	(האות) ו
וכה"א	וְכֵן הוּא אוֹמֵר
וכו'	וְכוּלֵּיהּ
וכ"ת	וְכִי תֵּימָא
ונאמ'	וְנֶאֱמַר

ח

ח"א	חַד אָמַר
ח"ו	חַס וְשָׁלוֹם
חוש"מ	חוּלּוֹ שֶׁלַּמּוֹעֵד
חי"ת	(האות) ח
חכ"א	חֲכָמִים אוֹמְרִים
ח"נ	חֲצִי נֶזֶק
חש"ו	חֵרֵשׁ, שׁוֹטֶה, וְקָטָן

ט

ט"ב	תִּשְׁעָה בְּאָב
טי"ת	(האות) ט

י

י"א	יֵשׁ אוֹמְרִים
יב"ח	12 חֹדֶשׁ
יה"ר	יְהִי רָצוֹן
יו"ד	(האות) י
י[ו]ה"כ	יוֹם הַכִּפּוּרִים
י[ו]"ט	יוֹם טוֹב
י"י / יי'	הַשֵּׁם (יִתְבָּרַךְ)
יי"נ	יֵין נֶסֶךְ
י"ל	יֵשׁ לוֹמַר
יצה"ר	יֵצֶר הָרָע
יקנה"ז	יַיִן, קִדּוּשׁ, נֵר, הַבְדָּלָה, זְמַן

כ

כ"א	כִּי אִם
כ"ג	כֹּהֵן גָּדוֹל
כה'	כְּהַשֵּׁם (יִתְבָּרַךְ)
כה"ג[1]	כֹּהֵן גָּדוֹל
כה"ג[2]	כִּי הַאי גַּוְונָא
כו'	כּוּלֵּיהּ
כ"ז	כָּל זְמַן
כ"מ	כָּל מָקוֹם
כ"ם	(הסיומת) "כֶם"
כנה"ג	כְּנֶסֶת הַגְּדוֹלָה
כ"ע	כּוּלֵּי עָלְמָא
כ"ש[1]	כָּל שֶׁכֵּן
כ"ש[2]	כָּל שֶׁהוּא
כשהקב"ה	↑הקב"ה
כתי'	כְּתִיב

ל

ל"א	לִישָּׁנָא אַחֲרִינָא
לא'	לְאֶחָד
לב"ה	לְבֶדֶק הַבַּיִת
לד"ה	לְדִבְרֵי הַכֹּל
לה'	לְהַשֵּׁם (יִתְבָּרַךְ)
להד"מ	לֹא הָיוּ דְּבָרִים מֵעוֹלָם
לה"ר	לָשׁוֹן הָרָע
לי'	לֵיהּ
לכדר'...	↑דר'...
לכ"ש	לֹא כָּל שֶׁכֵּן
ל"ל[1]	לָמָּה לִי
ל"ל[2]	לֵית לַן
למ"ד[1]	(האות) ל
למ"ד[2]	לְמַאן דְּאָמַר
למ"ה	לִמְדִינַת הַיָּם
למה"ד	[מָשָׁל] לְמָה הַדָּבָר דּוֹמֶה
למע"ט	לְמַעֲשִׂים טוֹבִים
לע"ל	לֶעָתִיד לָבוֹא
ל"פ	לָא פְּלִיגִי
ל"ק	לָא קַשְׁיָא
ל"ש[1]	לֹא שָׁנוּ [אֶלָּא]
ל"ש[2]	לָא שְׁנָא
ל"ת	לֹא תַעֲשֶׂה

מ

מא'	מֵאֶחָד
מא"ל	מַאי אִיכָּא לְמֵימַר
מבעו"י	מִבְּעוֹד יוֹם
מ"ד[1]	מַאן דְּאָמַר
מ"ד[2]	מַאי דִּכְתִיב
מ"ד[3]	מַהוּ דְּתֵימָא
מדקא"ל	מִדְּקָאָמַר לֵיהּ
מד"ס	מִדִּבְרֵי סוֹפְרִים
מה"מ	מְנָא הָנֵי מִילֵּי
מה"ש	מַלְאֲכֵי הַשָּׁרֵת
מה"ת	מִן הַתּוֹרָה
מח"ל	מֵחוּצָה לָאָרֶץ
מ"ט	מַאי טַעְמָא
מ"ל	מַה לִּי
מ"מ	מִכָּל מָקוֹם
מ"ם	(האות) מ
ממ"ד	מִמַּאן דְּאָמַר
ממ"ה[1]	מֶלֶךְ מַלְכֵי הַמְּלָכִים
ממ"ה[2]	מִמְּדִינַת הַיָּם
ממ"נ	מִמָּה נַפְשָׁךְ
מנה"מ	מְנָא הָנֵי מִילֵּי
מנ"ל	מְנָא לַן/לֵיהּ/לְהוּ
מ"ס	מָר סָבַר
מ"ע	מִצְוַת עֲשֵׂה
מעל"ע	מֵעֵת לְעֵת
מ"ש	מַאי שְׁנָא
משא"כ	מַה שֶּׁאֵין כֵּן
משו[ו]"ה	מִשּׁוּם הָכִי
מתני'	מַתְנִיתִין

נ

נ"ו	(הסיומת) "נוּ"
נו"ן	(האות) נ
נ"ט	נוֹתֵן טַעַם
נט"י	נְטִילַת יָדַיִם
נ"מ	נָפְקָא מִינַּהּ
נ"ש	נֶזֶק שָׁלֵם

ס

ס"ד[א]	סָלְקָא דַּעְתָּךְ [אֲמִינָא]
סי'	סִימָן
ס"ל	סְבִירָא לֵיהּ
סמ"ך	(האות) ס
ס"ת	סֵפֶר תּוֹרָה

ע

עאכ"ו[כ]	עַל אַחַת כַּמָּה וְכַמָּה
ע"ג[1]	עַל גַּב
ע"ג[2]	עֲבוֹדַת גִּלּוּלִים
ע"ה	עַם הָאָרֶץ
עוה"ב	עוֹלָם הַבָּא
ע"ז[1]	עֲבוֹדָה זָרָה
ע"ז[2]	עַל זֶה
ע"י	עַל יְדֵי/עַל יָדוֹ
עיו"ט	עֶרֶב יוֹם טוֹב
עי"ן	(האות) ע
ע"כ[1]	עַד כָּאן
ע"כ[2]	עַל כָּרְחָךְ
עכו"ם[1]	עוֹבְדֵ(י) כּוֹכָבִים וּמַזָּלוֹת=גּוֹי(ם)
עכו"ם[2]	עֲבוֹדַת כּוֹכָבִים וּמַזָּלוֹת=ע"ז[1]
ע"מ	עַל מְנָת
ע"ע	עֶבֶד עִבְרִי
ע"פ	עַל פִּי
ער"ה	עֶרֶב ר"ה[2]
ע"ש[1]	עַל שֵׁם
ע"ש[2]	עֶרֶב שַׁבָּת

פ

פ'/פ"א	(האות) פ

צ

צד"י	(האות) צ
צ"ל	צָרִיךְ לוֹמַר

ק

קא"ל	קָאָמַר לֵיהּ
קא"ר	↑א"ר
ק"ו	קַל וָחוֹמֶר
ק[ו]ב"ה	קוּדְשָׁא בְּרִיךְ הוּא
קו"ף	(האות) ק
קי[י]"ל	קַיְימָא לַן
קמ"ל	קָמַשְׁמַע לַן
קס"ד	↑ס"ד
ק"ש	קְרִיאַת שְׁמַע

ר

ר'[1]	רַבִּי.../רַב...
ר'[2]	רֶבִּי= ר' יְהוּדָה הַנָּשִׂיא
ר"א[1]	רַבִּי אֱלִיעֶזֶר
ר"א[2]	רַבִּי אֶלְעָזָר
ראב"י	רַבִּי אֱלִיעֶזֶר בֶּן יַעֲקֹב
ראב"ע	רַבִּי אֶלְעָזָר בֶּן עֲזַרְיָה
רבב"ח	רַבָּה בַּר בַּר חַנָּה
רבש"ע	רִבּוֹנוֹ שֶׁלָּעוֹלָם
ר"ג	רַבָּן גַּמְלִיאֵל
ר"ה[1]	רַב הוּנָא
ר"ה[2]	רֹאשׁ הַשָּׁנָה
רה"י	רְשׁוּת הַיָּחִיד
רה"ר	רְשׁוּת הָרַבִּים
ר"ח[1]	רַב חִסְדָּא
ר"ח[2]	רַבִּי חֲנִינָא
ר"ח[3]	רַבִּי חִיָּיא
ר"ח[4]	רֹאשׁ חֹדֶשׁ; רָאשֵׁי חֳדָשִׁים
ר"ט	רַבִּי טַרְפוֹן
ר"י[1]	רַבִּי יְהוּדָה
ר"י[2]	רַב יְהוּדָה
ר"י[3]	רַבִּי יוֹחָנָן
ר"י[4]	רַבִּי יוֹסֵי
ר"י[5]	רַבִּי יִשְׁמָעֵאל
ר"י[6]	רַבִּי יְהוֹשֻׁעַ
ריב"ז	רַבָּן יוֹחָנָן בֶּן זַכַּאי
ריב"ל	רַבִּי יְהוֹשֻׁעַ בֶּן לֵוִי
ריה"ג	רַבִּי יוֹסֵי הַגְּלִילִי
רי"ש	(האות) ר
ר"כ	רַב כָּהֲנָא
ר"ל	רֵישׁ לָקִישׁ
ר"מ	רַבִּי מֵאִיר
רמ"ח	248
ר"נ[1]	רַבִּי נְחֶמְיָה
ר"נ[2]	רַב נַחְמָן
רנב"י	ר"נ[2] בַּר יִצְחָק
ר"ע	רַבִּי עֲקִיבָא
רע"א	ר"ע אוֹמֵר
ר"פ[1]	רַב פָּפָּא
ר"פ[2]	רַבִּי פִּנְחָס
ר"ש	רַבִּי שִׁמְעוֹן
רש"א	רַבִּי שִׁמְעוֹן אוֹמֵר
רשב"א	ר"ש בֶּן אֶלְעָזָר
רשב"ג	ר"ש בֶּן גַּמְלִיאֵל
רשב"י	ר"ש בֶּן יוֹחַאי
רשב"ל	ר"ש בֶּן לָקִישׁ

ש

ש"ד	שַׁפִּיר דָּמֵי
ש"ז	שִׁכְבַת זֶרַע
ש"ח	שׁוֹמֵר חִנָּם
שט"ח	שְׁטַר חוֹב
שי"ן	(האות) ש
שכ"מ	שְׁכִיב מְרַע
ש"מ	שְׁמַע מִינַּהּ
שנא'	שֶׁנֶּאֱמַר
שס"ה	365
ש"פ	שָׁוֶה פְּרוּטָה
ש"ש	שֵׁם שָׁמַיִם

ת

ת"ח	תַּלְמִיד חָכָם; תַּלְמִידֵי חֲכָמִים
תי"ו	(האות) ת
ת"ל	תַּלְמוּד לוֹמַר
תני'	תַּנְיָא
תנ"ה	תַּנְיָא נַמִּי הָכִי
ת"ק	תַּנָּא קַמָּא
ת"ר	תָּנוּ רַבָּנַן
תרי"ג	613 (מצוות)
ת"ש	תָּא שְׁמַע
תש"ת	תְּקִיעָה, שְׁבָרִים, תְּקִיעָה
ת"ת	תַּלְמוּד תּוֹרָה

מעתקי עיצורים

ארמית	ד	ט	ע	ת
	דְּהַב	עֲטָא	בֵּיעֵי	תְּלָת
עברית	ז	צ	צ	ש
	זָהָב	עֵצָה	בֵּיצִים	שָׁלֹשׁ

לתגובות על תכני הכרטיס: gemaracard@korenpub.com
להזמנות: mechirot@korenpub.com 02-633-0530

ISBN 978-965-526-213-1

9 789655 262131 50495 >

מגיד
MAGGID